THÈSE

POUR LE

DOCTORAT

PAR

SPIRIDION C. SCLAVOS

Né à Céphalonie (Grèce)

G. R.

PARIS

GUSTAVE RETAUX LIBRAIRE-ÉDITEUR

Rue Cujas, 15

1867

PREMIÈRE PARTIE

DROIT ROMAIN

DE

L'ADOPTION

GÉNÉRALITÉS

L'adoption est une institution que nous rencontrons chez plusieurs peuples de l'antiquité ; chez les Hébreux, les Égyptiens, les Grecs et particulièrement chez les Athéniens, à qui très-probablement les Romains en empruntèrent l'idée et la pratique ; mais ce n'est qu'à Rome qu'elle revêtit un caractère original et intéressant, sous l'influence de la constitution de la famille et de la société.

C'est là que ce droit propre aux citoyens romains et *sui juris*, la puissance paternelle, s'acquérait par

189.   1

1867

l'adoption qui se pratiquait assez fréquemment, surtout dans les familles illustres, dans les familles patriciennes et offrait le moyen le plus sûr, le plus commode, le plus efficace à ceux qui voulaient prévenir l'interruption de leurs *sacra privata* et perpétuer leur nom et leur illustration.

C'est par l'adoption que le patricien et sénateur Clodius a pu devenir apte à être nommé tribun de la plèbe, à parvenir à cette magistrature exclusivement réservée à la caste plébéienne, et que le plébéien C. Cornélius fut admis aux fonctions publiques exclusivement réservées aux patriciens.

C'est par elle que sous l'empire des lois caducaires, des lois Julia et Papia Poppæa rendues sous Auguste, on pouvait échapper aux incapacités qu'elles prononçaient contre ceux qui n'avaient point d'enfants.

La paternité fictive prit à Rome une extension immense et inquiétante.

Tacite nous rapporte dans ses annales (lib. XV, § 19) les plaintes qui échappaient de toutes parts à ceux qui tenaient leurs droits de la nature parce qu'ils les voyaient presque complètement méconnus.

Sous Néron, un Sénatus-Consulte (an de J.-C. 62) fit cesser cet état de choses en déclarant inutiles toutes ces adoptions frauduleuses qui avaient pour but de faire appeler aux honneurs et aux hérédités ceux qui en étaient incapables : *Ne simulata adoptio in ulla parte muneris publici juvaret et ne usurpandis quidem*

hæreditatibus prodesset : Tacite, Annales (lib. XV,
§ 19).

Sans parler de la consolation que procurait l'adoption à ceux que la nature ou la mort avait privés de
la douce jouissance d'avoir un enfant d'eux-mêmes,
elle apportait encore un correctif à l'organisation de
la famille romaine ; car elle servait à remettre sous la
puissance paternelle le fils qui en était sorti ou à y
placer ceux qui n'y avaient jamais été soumis à cause
de l'émancipation de leurs auteurs.

Chez un peuple aristocratique et moral, l'adoption
rarement employée et entourée de plus de garanties
possibles peut être considérée comme une institution
belle et divine ; mais chez un peuple corrompu elle
peut devenir plutôt nuisible et dangereuse qu'utile et
salutaire.

L'adoption, dans son sens le plus large, était un
acte solennel par lequel un citoyen romain acquérait
sur une personne une puissance paternelle semblable
à celle qu'un père de famille avait sur les personnes
issues de son mariage légitime ou de celui de son
fils.

Les personnes considérées au point de vue de la
constitution de la famille étaient ou *sui juris* c'est-à-
dire ne relevant que d'elles-mêmes, ou *alieni juris*,
c'est-à-dire soumises à la puissance d'un chef, nommé
paterfamilias.

Le fondement de la famille dans le droit humain,
dans le droit de toutes les nations, c'est le mariage ;

chez les Romains les *justæ nuptiæ* en étaient bien un
élément important ; mais sa base résidait dans la puissance paternelle. L'organisation de la famille romaine
n'était pas créée par la loi naturelle, mais uniquement
par la loi civile qui s'attachait à la circonstance que
plusieurs personnes étaient soumises à la puissance du
même chef, ou on eût pu s'y trouver si l'on prolon-
geait fictivement l'existence de l'aïeul le plus éloigné.

Les enfants ou descendants d'une personne pouvaient être étrangers à la famille, tandis que des personnes étrangères pouvaient en faire partie.

Pour participer aux droits civils que les membres
d'une famille sont appelés à avoir les uns à l'égard
des autres, on devait se trouver sous la même puissance, dans la même famille.

Le mot *familia*, entendu dans ce sens, était une
corporation composée de la réunion d'un chef, *pater
familias*, et de toutes les personnes soumises à son
pouvoir.

Ce chef était maître et propriétaire de toutes les
personnes, comme de tout le patrimoine, en un mot
il absorbait dans sa personne l'individualité de tous.

D'où la division bien connue des personnes considérées dans la famille en personnes *sui juris* et en
personnes *alieni juris*.

Dans un sens plus étendu, le mot *familia* désignait
la réunion des agnats de toutes les familles qui auraient été sous la puissance du même chef, s'il avait
encore vécu.

Le souvenir de ce chef continuait à relier, à réunir ces différentes familles qui ne formaient qu'une seule et grande famille civile, dont les membres avaient un titre commun, le titre d'agnats. C'est à cette qualité d'agnat, à la parenté civile nommée *agnatio* que le droit civil des Romains attachait les droits, v. g., de succession et de tutelle, attribués par les autres peuples aux liens du sang, à la parenté naturelle nommée chez les Romains *cognatio*.

Le mot adoption était un terme générique qui comprenait les deux espèces d'adoptions : l'adrogation qui fut réservée aux personnes *sui juris* et l'adoption proprement dite qui avait pour but de mettre sous la puissance d'un père de famille une personne *alieni juris*.

Bien que dans le Digeste, le Code et les Instituts de Justinien les textes concernent l'adoption proprement dite et l'adrogation, bien que Gaïus et Ulpien traitent de l'une et de l'autre dans les mêmes paragraphes, nous croyons plus rationnel et plus commode d'en parler séparément.

CHAPITRE PREMIER

DE L'ADOPTION PROPREMENT DITE

L'adoption jusqu'à Justinien qui en modifia les anciennes règles était un acte solennel par lequel un père de famille acquérait la puissance paternelle sur une personne *alieni juris*.

Or pour atteindre ce résultat il fallait d'abord dépouiller de la puissance paternelle celui qui consentait à s'en désaisir et investir de cette même puissance celui qui demandait à l'acquérir.

C'était une opération, comme nous le verrons, à double face, moins solennelle mais plus complexe que celle de l'adrogation.

I

Des formes de l'adoption proprement dite.

L'absence complète de documents sur la question de savoir si l'adoption proprement dite se faisoit originairement comme l'adrogation, par une loi curiate, ne nous permet de faire que des conjectures plus ou moins hasardées. Aussi préférons-nous passer immédiatement à l'exposition des formes sur lesquelles nous avons des données positives.

Bien que le père eût sur ses enfants un pouvoir absolu, le droit pendant toute leur vie de les jeter en prison, de les flageller, de les retenir enchaînés aux travaux rustiques, de les manciper arbitrairement et de les tuer s'il l'avait voulu, il ne pouvait pas pourtant aliéner sa puissance paternelle, la transférer d'une manière directe et immédiate. Il n'y arrivait que par des moyens fictifs et détournés.

L'esprit pratique des jurisconsultes romains savait seul concilier le respect en quelque sorte religieux dont on entourait ce monument antique, ce droit barbare, la loi des XII tables, avec les exigences d'une civilisation progressive.

Nous venons de dire que le père pouvait arbitrairement et à l'infini manciper son enfant, c'est-à-dire le faire passer sous une puissance particulière appelée *mancipium*. Mais ce pouvoir du père, absolu d'abord, restreint ensuite par une disposition que nous trouvons dans la quatrième des XII tables ainsi conçue : *Si pater filium ter venumduit, filius a patre liber esto*, finit par disparaître de la législation romaine.

A l'époque de Gaïus la mancipation existait toujours, mais le plus souvent à l'état de fiction, pour arriver à des émancipations que ne comportait pas le droit civil, et quand elle avait lieu sérieusement ses effets étaient de beaucoup adoucis.

L'application fictive qu'on faisait de la mancipation pour arriver d'abord à l'affranchissement et finalement à l'adoption nous autorise à dire que le point de départ des formes de l'adoption se trouve dans la disposition ci-dessus rapportée : *Si pater filium ter venum duit, filius a patre liber esto* qui déclarait que le fils devenait libre après la troisième vente.

C'était par des procédés ingénieux qu'on parvenait à combiner les prescriptions du droit strict avec les exigences de la pratique.

Pour l'adoption d'un fils on procédait de la manière

suivante : *Le pater familias* qui voulait donner son fils en adoption, le mancipait une première fois à un tiers, mais ordinairement à celui qui voulait l'adopter ; celui-ci, acquérant sur le fils un pouvoir spécial, nommé *mancipium*, l'affranchissait par la vindicte et le fils retombait sous la puissance paternelle.

Cette double opération se répétait une seconde fois pour aboutir au même résultat. Ce n'était qu'après la troisième mancipation que la puissance paternelle s'épuisait pour ne plus renaître dans la personne du *pater familias*.

Dans ce cas, le futur adoptant se gardait bien d'affranchir pour la troisième fois le fils qu'il avait eu trois fois *in mancipio* ; car ce dernier serait devenu libre de ce dernier pouvoir, et, libre de la puissance paternelle, il aurait été une personne *sui juris* à laquelle ne pouvait pas s'appliquer l'adoption. Aussi remancipait-il le fils au père naturel, appelait ce dernier devant le magistrat et réclamait l'enfant comme sien par une vendication simulée. Comme le père naturel et le fils qui étaient toujours présents ne contredisaient point, le magistrat déclarait que ce dernier était fils du vendiquant. En somme, l'adoption d'un fils se faisait par une opération complexe : de trois mancipations, de deux affranchissements intermédiaires, d'une rémancipation et d'une cession *in jure*, qui n'était qu'un simulacre de procès devant le magistrat.

Nous ne connaissons que cette manière de procéder

à l'adoption d'un fils, bien qu'il y eût un autre mode qui conduisait au même but.

Malheureusement le passage de Gaïus où était indiqué ce second mode est tronqué ou illisible, et l'on ne peut faire que des conjectures.

S'agissait-il au contraire de l'adoption d'une fille ou d'un petit-fils, le chef de famille perdait son pouvoir après une première mancipation. De là une grande simplification dans les formes à employer qui se trouvaient ainsi réduites : 1° à une mancipation par le père ou l'aïeul ; 2° à une rémancipation par le futur adoptant ; 3° à une cession *in jure*.

L'adoption étant *un actus legitimus* ne pouvait s'accomplir par procureur, non seulement dans l'ancien droit, mais même après l'innovation de Justinien.

Le consentement soit exprès, soit tacite, mais direct, était une précieuse garantie pour l'accomplissement de l'adoption.

Elle n'admettait pas non plus de terme ni de conditions ; car ces modalités n'étaient pas possibles avec la qualité de fils ; elles auraient été en désaccord avec ce principe : que l'adoption était une image de la nature.

Les magistrats compétents devant lesquels l'adoption pouvait avoir lieu étaient ceux de l'ordre supérieur *apud quem pléna legis actio erat*, c'est-à-dire devant lesquels on intentait les actions de la loi. On entendait par action de la loi les formes de procédure suivant lesquelles les procès étaient instruits et jugés jusqu'à vers la fin de la République.

Mais cette forme de procéder continuera pour les juridictions gracieuses, non seulement sous le système formulaire, mais encore sous Justinien qui en a aboli les derniers vestiges dans leur application fictive à l'adoption.

Pendant toutes ces périodes, l'adoption s'effectuait au moyen de l'action *sacramenti* de la vendication. Ces magistrats étaient les préteurs et les consuls à Rome, les proconsuls et les présidents dans les provinces et qui même jouissaient de cette juridiction gracieuse, dès qu'ils étaient sortis de Rome.

Les magistrats municipaux n'étaient pas, en principe, compétents pour procéder à l'adoption. Il n'y avait d'exception que pour ceux à qui un privilége tout exceptionnel avait été accordé pour cet effet.

Mais les lieutenants de proconsuls n'étaient pas des magistrats *apud quos plena legis actio erat,* partant, ils n'étaient jamais compétents pour y procéder.

Les magistrats compétents pour procéder à l'adoption l'étaient aussi même dans le cas où leur propre intérêt était en cause, soit comme adoptant, soit comme adopté, soit comme donnant un de leurs enfants en adoption. La présence du magistrat était une simple formalité ; tandis que le consentement des parties était l'essence de l'acte.

Mais ces modes fictifs et détournés auxquels la loi des XII tables avait forcé de recourir, ce symbolisme, cette apparence visible des temps grossiers n'étaient plus en harmonie avec une civilisation assez avancée où prédominait l'intention des parties garantie par l'écriture.

Les Constitutions impériales ne modifièrent pas les formes de l'adoption qui restèrent telles que nous venons de les exposer jusqu'à Justinien.

Cet Empereur n'hésita point à rompre avec les anciennes habitudes et à simplifier les formes de l'adoption.

Il a supprimé les mancipations et les affranchissements préalables *et l'in jure cessio*, en déclarant que, pour former une adoption, il suffirait que les parties se présentassent devant le magistrat compétent afin de faire dresser un acte constatant le triple consentement de celui qui donnait, de celui qui prenait et de celui qui était donné en adoption.

Toutefois, de la part de ce dernier, on n'exigeait pas une manifestation expresse de son consentement. L'adhésion tacite qu'il semblait donner au consentement des deux autres était suffisante, *eo qui adoptatur non contradicente*. D'où il résulte qu'on pouvait adopter même un enfant ne parlant pas encore. Si le père naturel n'avait point l'usage de la parole, mais qu'il pût manifester d'une autre manière, que son intention était de donner son fils en adoption, cette adoption n'était pas en droit régulière, mais, en fait, elle était confirmée par le préteur.

Nous devons étendre le bénéfice de cette décision en faveur de l'adoptant, parce qu'ici il n'y a aucune raison de distinguer entre l'adoptant et celui qui donne quelqu'un en adoption.

Mais le triple consentement, soit exprès, soit tacite, des personnes sus-mentionnées n'était pas toujours suffisant ; car lorsque l'adopté entrait dans la famille adoptive comme petit-fils de l'adoptant et que celui-ci désignait à l'adopté pour père un de ses enfants, on devait obtenir le consentement de ce père désigné ; parce que dans ce cas il y avait deux adoptions dans une et il était juste de demander le consentement de celui qui devenait adoptant subsidiaire de l'adopté. A défaut de consentement de la part du père désigné, l'adoption principale, celle de l'ascendant, était bien valable, mais l'adoption subsidiaire ne l'était pas ; à la mort de l'ascendant l'adopté ne tombait pas sous la puissance du père désigné et ne devenait pas l'héritier sien de ce dernier qui n'avait pas consenti à l'adoption *ne invito suus hæres agnascatur*.

L'adoption produisait des effets différents selon qu'on faisait entrer dans sa famille quelqu'un comme fils, petit-fils, etc., au point de vue des prohibitions de mariage, des droits de tutelle et de succession.

Les prescriptions que nous venons d'énumérer devaient être rigoureusement observées.

Dans le cas où l'une d'elles était omise le mal n'était pas sans remède. Marcellus nous dit que l'adoption qui n'était pas bien faite pouvait être confirmée par l'Empereur.

Nous venons d'indiquer les personnes dont le consentement était nécessaire pour la formation du contrat d'adoption. Il était ordinairement triple, quelquefois quadruple, lorsqu'on adoptait quelqu'un comme petit-fils, avec désignation pour père de tel ou tel de ses enfants ; *quasi ex filio.*

Outre les relations de paternité et de filiation civiles que créait l'adoption entre l'adoptant et l'adopté, elle établissait des liens d'agnation entre ce dernier et les agnats de l'adoptant ; ce qui pouvait donner lieu à des droits de tutelle et d'hérédité respective, mais jamais rendre nécessaire l'intervention de ces agnats. « *Cum adoptio fit, non est necessaria in eam rem auctoritas eorum quos jura adgnationis consequen- tur.* Dig. 7. de Adop.

L'adoption même après l'innovation de Justinien était toujours un acte solennel et l'accomplissement des formes requises était une condition si rigoureuse de sa validité, que l'acte spécial redigé par un tabel- lion était sans valeur juridique. *Adoptio non tabulis li- cet per tabellionem conficiendis, sed solemni juris ordine apud præsidem solet copulari.*

II

Des conditions de l'adoption.

D'après la définition que nous avons donnée de l'ado- ption, nous disons :

1° Que l'adoptant devait être citoyen Romain soit ingénu soit affranchi; car la puissance paternelle bien différente en cela de la puissance dominicale qui était du droit des gens n'appartenait qu'aux citoyens Ro- mains *et sui juris.*

Quant aux personnes *alieni juris*, elles ne pouvaient pas adopter, parce qu'elles ne pouvaient acquérir pour leur propre compte une puissance dont elles-mêmes n'étaient pas affranchies. Elles ne le pouvaient pas non plus pour le compte de leur chef car si leur dépendance avait, en principe, pour effet d'attribuer à celui-ci le bénéfice de leurs acquisitions, à cause de l'unité de personnes, il n'en était pas ainsi lorsqu'il s'agissait de l'introduction d'un membre dans la famille du chef sans la participation directe et immédiate de ce dernier.

L'incapacité d'adopter pour les femmes se rattachait sans doute à ce même but, à l'impossibilité d'acquérir la puissance paternelle, parce qu'elles ne l'avaient pas même sur leurs propres enfants : *Quia ne quidem naturales liberos in potestate habent.*

Lorsque plus tard des sénatus-consultes créèrent en faveur des femmes des droits de succession et que le titre de mère acquit une certaine valeur on en vint à leur conférer le droit d'adopter. Le premier acte législatif fut un rescrit de Dioclétien et de Maximien par lequel ces empereurs exceptionnellement autorisèrent une mère à donner à son beau-fils la place de ses enfants défunts : *Et cum perinde atque ex te progenitum ad vicem naturalis legitimique filii habere permittimus.*

Justinien alla un peu plus loin, car il accorda aux femmes le droit d'adopter comme adoucissement à la perte de leurs enfants.

Ce n'est que l'Empereur Léon qui par sa Novelle 28

concéda le droit d'adopter à toutes les femmes en général, sans distinguer si elles avaient ou non perdu
leurs enfants, si elles avaient été ou non mariées.

La jurisprudence exigea enfin que la paternité légale qui était destinée à remplacer la paternité
naturelle satisfît à certaines conditions de vraisem-
blance : *Adoptio,* nous dit Javolénus, *in his personis
locum habet in quibus etiam natura potest habere.*

Malgré le principe formulé par Javolénus nous
sommes convaincu que la distinction entre les Spadones et les Castrati, en ce qui concerne l'adoption, n'a
commencé à avoir lieu que depuis Justinien. Gaïus
tom. I, § 103 et Ulpien Reg. VIII, § 6 sont d'accord pour
nous dire que ceux qui ne pouvaient engendrer,
quales sunt spadones, dit l'un, *velut spado*, dit l'autre, pouvaient cependant adopter.

S'ils ne disent rien des Castrats ce n'est pas parce
qu'ils les croyaient incapables d'adopter ; c'est tout
simplement, parce qu'ils se sont contentés en choi-
sissant le cas le plus fréquent de donner pour exemple
une certaine classe de personnes qui ne peuvent
engendrer.

Ce n'est que dans le paragraphe 8 du titre *de adoptionibus* aux instituts que nous voyons pour la première fois se produire, quant à l'adoption ; la distinction entre les Spadones et les Castrati par la phrase
peu heureuse, que Justinien a ajoutée après avoir
littéralement copié le paragraphe 103 de Gaïus. Telle
est l'opinion personnelle que nous émettons, mais

nous sommes loin de prétendre qu'on ne pourrait pas justifier l'innovation de Justinien assez logique du reste et très-conforme au principe formulé par le jurisconsulte Javolénus et inséré au digeste l. XVI (1, 7). *Adoptio in his personis locum habet in quibus etiam natura potest habere.*

Peut-être la différence entre les impuissants et les Castrats provenait-elle de ce que chez les uns le vice d'organisation n'étant pas assez prononcé ni assez complet, souvent disparaît, et qu'il n'est pas par conséquent contre nature de les supposer comme ayant des enfants ; tandis que chez les autres le vice d'organisation les rendant à toujours impropres pour la procréation des enfants, il ne serait pas naturel de leur en supposer.

Peut-être était-ce une autre raison qui avait poussé l'empereur à cette innovation *(la quantité d'une chose en avilit toujours la valeur)*.

Mais l'Empereur Léon, en levant par sa Novelle 27 la prohibition d'adopter qui frappait les Castrats, paraît avoir mieux compris l'esprit de cette institution qui avait pour but principal de donner des enfants à ceux qui ne pouvaient pas naturellement en avoir.

Une autre application du principe : *Adoptio imitatur naturam*, consistait dans la nécessité pour l'adoptant d'avoir dix-huit ans de plus que l'adopté c'est-à-dire la puberté pleine. C'est Modestin qui établit nettement cette règle et Justinien qui la consacra définitivement dans ses instituts. Mais à l'époque de Cicéron cette règle n'était pas en vigueur ; puisque l'éloquence de l'orateur romain n'a pas pu faire annuler l'adoption de Clodius qui s'était donné en adrogation à un plébéien de vingt ans plus jeune que lui. Gaïus, dans son Com. I (§ 106), nous dit que la question de savoir si l'on pouvait adopter quelqu'un plus jeune que soi était une question controversée.

Par application du principe ci-dessus mentionné on aurait pu conclure que pour adopter un petit-fils, on devait avoir un fils ; deux textes, l'un du Digeste, l'autre des Instituts nous disent que cela n'était pas nécessaire D. L. 37 (I. 7). — Inst. I, (11, 5).

L'adoption servait quelquefois à faire recouvrer la puissance paternelle sur une personne qui en était sortie. *Qui liberatus est patria potestate, is postea in potestatem honeste reverti non potest nisi per adoptionem*, nous dit Ulpien dans la loi XII de *adop.* Dig. Cela n'était possible qu'au père naturel, qui pouvait revenir sur une émancipation effectuée ; mais la même faculté n'était pas accordée au père adoptif. Et cette distinction qu'on dégage en comparant le texte d'Ulpien avec la loi XXXVII § I, du jurisconsulte Paul ainsi conçue : *Eum quem quis adoptavit emancipatum vel in adoptionem datum iterum non potest adoptare* n'était pas arbitraire. La législation devait se montrer plus indulgente pour la légèreté du père naturel que pour celle du père adoptif, qui ne tenait le pouvoir paternel que d'une simple fiction de la loi.

2° Celui qui donnait en adoption une personne, devait l'avoir sous sa puissance, mais il n'avait pas besoin de demander le consentement du père dans le cas où il aurait voulu donner en adoption son petit-fils et ainsi de suite. Mais une femme, un pérégrin, un père naturel, dont la puissance avait cessé d'une manière ou d'une autre, ne pouvait pas donner en adoption.

Dans le cas où on n'était pas en état de donner oralement son consentement, un rescrit impérial devait confirmer l'adoption.

3° La personne qui était donnée en adoption devait être fils de famille, soit pubère, soit impubère, *tam masculus quam femina, et tam pubes quam impubes.*

Par opposition aux personnes qui se donnaient en adrogation et qui étaient toujours *sui juris.*

Nous verrons plus tard que certaines conditions concernant l'âge et le sexe étaient nécessaires.

Quant à la question de savoir si un esclave pouvait être adopté par son maître, elle paraît avoir préoccupé les jurisconsultes romains, parce que les textes qu'ils nous ont laissés ne la décident pas d'une manière bien nette et bien précise. Et Justinien, au lieu de trancher la question en a augmenté la difficulté, en fournissant de nouveaux éléments à cette controverse qui a divisé les grands jurisconsultes et qui peut-être divisera toujours les commentateurs.

Une autre question controversée parmi les commentateurs est celle de savoir si l'adoption d'un gendre ou d'une bru, ayant eu lieu sans l'émancipation de la fille ou du fils conjoint, était une cause d'annulation de mariage, ou si au contraire cela rendait l'adoption nulle et non avenue. Quelque choquante que nous paraisse la doctrine romaine, et malgré l'autorité de Cujas, nous nous prononçons pour la dissolution du mariage. Théophile dans sa paraphrase nous dit que, s'il n'y avait pas d'émancipation préalable, l'adoption du gendre ou de la bru amenait la dissolution du mariage, car il serait arrivé que les époux seraient devenus frère et sœur adoptifs, et dans ce cas le mariage entre eux n'était pas possible.

III

Des effets de l'adoption à l'égard des enfants adoptifs

Comme l'adoption romaine enlevait à une famille un de ses membres et le faisait passer à une autre, il est indispensable d'étudier séparément ses effets sous deux points de vue.

1° Sous le rapport des effets qu'elle produisait à l'adopté dans sa famille naturelle.

2° Sous le rapport des effets qu'elle produisait à son égard dans la famille adoptive.

1° *De la situation que l'adoption faisait à l'adopté dans sa famille naturelle*

L'adoption était, selon l'opinion la plus accréditée, une cause de *capitis diminutio* qui avait pour effet au point de vue des droits de famille, de détruire l'agnation, par conséquent les droits de tutelle et de succession.

Nous lisons dans Gaïus, Com. I, § 158, *sed agnationis quidem jus, capitis diminutio perimitur* que Justinien reproduisit dans ses Instituts avec l'addition du mot *plerumque,* parce qu'il a voulu faire allusion à la Constitution de l'empereur Anastase qui avait conservé aux émancipés les droits d'agnation envers leurs frères et sœurs. LL. XI et XIII, *De leg. hœred.*, au Code. A la différence des deux autres di_ minutions de tête, la grande et la moyenne, qui faisaient perdre les droits civils attachés à la parenté naturelle, à la cognation, la petite diminution de tête, dont le seul effet était un changement de famille, chose indifférente pour la cognation, laissait entière la jouissance de ces mêmes droits. Le *capite minutus* entrant dans sa famille nouvelle cessait de faire partie de son ancienne famille, d'être l'agnat de ses membres, mais il continuait à être leur cognat.

Il n'est pas sans intérêt de remarquer cette particularité, parce que, comme nous le verrons plus tard, le préteur les appelait à la succession les uns des autres.

La cognation, en ce qui concernait les prohibitions du mariage, produisait les mêmes effets que l'agnation.

La gentilité était également détruite par la *minima cupitis diminutio.* Enfin les droits du patronage finissaient en principe par la *minima capitis diminutio* soit du patron, soit de l'affranchi.

Au point de vue de la propriété qui n'en était pas détruite, nous en parlerons lorsque nous traiterons de l'adrogation.

Les droits d'usufruit et d'usage, du moins dans le droit antéjustinien, étaient éteints par toute diminution de tête encourue par le père ou le fils du chef duquel ces droits avaient été acquis. Ainsi l'usufruitier qui s'était donné en adrogation ne transférait pas à l'adrogeant l'usufruit, et le fils de famille qui jouissait des pécules castrans ou quasi castrans perdait cette jouissance si son père l'émancipait. Mais sous Justinien les droits d'usufruit et d'usage, ces servitudes personnelles, ne s'éteignaient plus par la petite diminution de tête.

Nous avons dit que l'adopté en sortant de sa famille naturelle n'y tenait plus par aucun lien d'agnation, mais, qu'au contraire, il conservait avec les membres qui la composaient les relations de la parenté naturelle.

Par conséquent les empêchements au mariage à cause de la parenté ne recevaient aucune atteinte si cette parenté était naturelle, car elle est indissoluble. Si, au contraire, la prohibition était seulement attachée à l'agnation, à la parenté civile, cette prohibition cessait aussitôt que cessait la cause qui l'avait produite. Il n'y avait exception que dans le cas où un ascendant adoptant voudrait épouser la personne qu'il avait adoptée et émancipée, et dans le cas analogue, bien que les textes n'en disent rien, c'est-à-dire, où le fils de l'adoptant voulait épouser la petite fille adoptive, dont il était le père désigné. *(Eam quæ tibi per adoptionem filiæ vel neptis esse loco cœperit, non poteris uxorem ducere, quamvis eam emancipaveris.)*

Mais le frère et la sœur adoptifs pouvaient très-valablement s'épouser, une fois que ce lien était rompu par la sortie de l'un d'eux de la famille commune.

L'enfant donné en adoption continuait à être soumis à la nécessité de demander une autorisation préalable du préteur s'il voulait appeler *in jus* son père naturel.

L'affranchi ne pouvait pas sans une autorisation préalable appeler *in jus* non-seulement son patron et les personnes soumises à son pouvoir, mais non plus ceux qui en étaient sortis par l'émancipation ou l'adoption et leurs descendants postérieurs à ces actes.

C'était encore ici la persistance du lien naturel existant entre le patron et cet enfant.

Mais il n'en était plus ainsi si le lien naturel manquait; par exemple un affranchi pouvait *vocare in jus* celui que le fils émancipé de son patron avait adopté.

Nous croyons même que l'obligation de se fournir des aliments en cas de besoin ne recevait aucune atteinte de l'adoption, parce qu'ici encore c'était la parenté naturelle qui lui servait de fondement.

L'adopté cessait d'acquérir pour son ascendant naturel, et l'usufruit que ce dernier avait sur le pécule adventice de l'adopté s'éteignait avec sa puissance.

Mais nous ne croyons pas que le père qui donnait son enfant en adoption pût retenir le tiers en toute propriété et plus tard la moitié en usufruit des biens formant le pécule adventice de l'adopté, que ce père, disons-nous, dût être assimilé au père émancipateur qui se payait pour ainsi dire de l'émancipation.

Ici se présente une question importante, à savoir ce que devenaient, après l'adoption, les créances et les dettes de l'adopté. Nous nous bornons à dire pour le moment que les créances de l'adopté étaient directement acquises au père adoptif, tandis que les dettes s'éteignaient en vertu du droit civil; mais le préteur venait au secours des créanciers en leur accordant une action utile.

C'était sous le rapport des droits successifs que l'adoption modifiait le plus profondément la position de l'enfant adoptif dans sa famille naturelle.

Encore, comme dans les mœurs des Romains mourir intestat était considéré comme un malheur et quelquefois comme une tache pour la mémoire, nous devons supposer d'abord que l'ascendant naturel de l'adopté a fait un testament.

D'après la loi des XII Tables le père de famille avait une liberté illimitée *(uti legassit super pecunia.., ita jus esto).*

Plus tard une interprétation de la jurisprudence, fondée sur l'idée de communauté de patrimoine entre le père et ses enfants, restreignit le pouvoir du premier en le soumettant à la nécessité d'instituer ou d'exhéréder nominativement ou *inter cæteros* ceux qui étaient ses copropriétaires. Et, un peu plus tard encore, on accorda aux enfants une nouvelle garantie contre l'injuste exclusion de leurs parents, au moyen de la *querela inofficiosi testamenti*.

L'adopté sortait seul de sa famille. Ceux de ses enfants qui au moment de l'adoption étaient conçus restaient sous la puissance de leur aïeul et acquéraient dans leur famille naturelle la même place que si leur père était prédécédé. Ils devenaient *sui juris* et étaient héritiers siens et nécessaires à la mort de leur aïeul. Ainsi le chef de famille était tenu de les instituer ou de les exhéréder nominativement ou *inter cæteros* suivant les cas ; son testament antérieur à l'événement qui les avait rendus héritiers siens aurait été *irritum* s'il n'avait pas été garanti d'une institution ou d'une exhérédation régulière. Enfin ces enfants après la mort de leur chef ou même de son vivant, n'étaient pas tenus de demander le consentement de leur père, devenu par l'adoption étranger à leur famille, parce que dans ce cas il n'y avait pas à redouter qu'on lui donnât, contre son gré, des enfants destinés à devenir un jour ses héritiers siens.

Par héritiers siens, le droit civil des romains entendait les enfants soit naturels, soit adoptifs, soumis à la puissance du testateur immédiat et direct qui, lors de la mort de ce dernier, étaient leurs propres héritiers et qui en lui succédant se succédaient en quelque sorte à eux-mêmes. La prétérition de ceux-ci rendait nul et non avenu le testament de leur chef. Le préteur modifia à l'aide des possessions des biens, le droit successoral établi par la loi des XII tables, et, en appelant les émancipés au rang des héritiers siens, il apporta un remède équitable, mais incomplet, en faveur des enfants adoptifs ; car il n'assimila aux émancipés ordinaires que les adoptés qui, lors de la mort du père naturel étaient sortis de la famille adoptive par suite d'une émancipation et non d'une autre manière. Les adoptés qui étaient émancipés postérieurement à la mort de leur père naturel perdaient le droit de succession dans la famille adoptive, parce que le lien civil ayant été rompu, ils cessaient d'être héritiers siens de l'adoptant. Néanmoins, le préteur ne leur faisait pas retrouver les droits dans la famille naturelle au moyen de la *bonorum possessio contra tabulas*. Voilà un cas où, même en droit prétorien, les enfants adoptifs pourraient se trouver privés de toute garantie.

Le préteur n'avait pas voulu ouvrir, en faveur de l'adoptant un moyen facile d'annuler à son gré le testament du père naturel en émancipant l'adopté, ou de maintenir ce même testament en ne l'émancipant pas.

Justinien le premier a prévenu les résultats fâcheux

que produisait une émancipation de l'adopté postérieure à la mort du père naturel.

Nous croyons pourtant que si, l'adopté devenu *sui
juris* par suite de la mort de l'adoptant, émancipait
son propre enfant du vivant de son père naturel, il
mettait cet enfant en état d'être admis par le préteur à
la possession des biens de l'ascendant naturel et qu'il
obligeait celui-ci à instituer ou à exhéréder cet enfant,
dans le cas où l'ascendant naturel voulait faire son
testament.

Supposons que le père naturel de l'enfant donné en
adoption n'ait pas fait de testament.

L'enfant adoptif acquérait dans la famille adoptive
les droits qu'il aurait perdus dans sa famille naturelle, parce qu'il était devenu héritier sien du père
adoptif.

Par conséquent, ni le droit civil, ni le droit prétorien ne lui reconnaissaient aucun droit dans la succession *ab intestat* de son père naturel, du moins
autant qu'héritier sien.

Seulement, s'il ne se présentait aucun héritier de
l'ordre des héritiers siens, ni de l'ordre des agnats,
l'adopté obtenait dans la succession du père naturel la
possession des biens *unde cognati*, parce que l'adoption
n'avait pas pour effet de porter atteinte aux liens du
sang que le préteur a toujours voulu préserver dans
une certaine mesure.

Si, au contraire, l'enfant donné en adoption était
renvoyé de la famille adoptive par émancipation, du

vivant du père naturel, en droit civil il n'avait aucun droit, ni dans la famille adoptive, ni dans la famille naturelle ; mais, le préteur supposait ici, comme en matière de succession testamentaire, que l'adopté avait été émancipé par le père naturel, et, ne tenant aucun compte de cette émancipation, ne voyait dans cet émancipé qu'un héritier sien du père naturel et lui accordait la possession de biens *unde liberi*. Enfin, si l'enfant donné en adoption était émancipé après la mort du père naturel, l'hérédité de celui-ci n'appartenait pas moins et d'une manière exclusive à ses héritiers légitimes, c'est-à-dire à ses agnats. Cette émancipation tardive ne pouvait pas exercer d'influence sur la dévolution des biens du père naturel, car s'il en eut été autrement l'adoptant aurait disposé de la succession du père naturel. Ainsi donc, par rapport à la succession testamentaire ou *ab intestat* du père naturel, l'enfant donné en adoption était toujours dépouillé de tout droit successif par le droit civil ; mais en droit prétorien, qui ne tenait aucun compte de la petite diminution de tête, l'adopté ne subissait cette exclusion qu'autant qu'il était dans la famille adoptive au moment où s'ouvrait la succession du père naturel, avec ce tempérament, toutefois, qu'il pouvait s'y présenter en qualité de cognat, à défaut d'héritiers siens et d'agnats.

Les possessions des biens *contra Tabulas* et *unde liberi* étaient deux voies différentes tendant au même but, que le préteur ouvrait aux mêmes personnes, d'après les mêmes règles, mais dans des circonstances opposées.

La première supposait l'existence d'un testament vicieux; la seconde s'appliquait aux successions *ab intestat*.

Le caractère d'exception aux principes que nous venons de rappeler est plutôt apparent que réel dans les deux cas suivants : 1° Un aïeul a donné en adoption à son fils émancipé le petit-fils que ce dernier avait eu avant sa propre émancipation: l'émancipé étant mort, puis l'aïeul naturel, l'adopté était admis par le préteur à la possession des biens *contra tabulas*, si son aïeul ayant fait un testament ne l'avait pas régulièrement institué ou exhérédé, ou à la possession *unde liberi*, si cet aïeul était mort *ab intestat*. 2° Un fils émancipé a donné en adoption à son père émancipateur le fils qu'il avait eu après l'émancipation : en cas de mort de l'aïeul, puis du père naturel, le petit-fils était admis aux deux mêmes possessions des biens. La raison de ces décisions était que, dans les deux cas, l'adopté n'était pas censé changer de famille lorsqu'il passait de la puissance du père émancipateur sous celle du père émancipé et *vice versâ*.

L'enfant donné en adoption, appelé à la possession des biens dans sa famille naturelle d'une manière quelconque, était soumis, en principe, aux règles des héritiers siens et des émancipés ordinaires. Ainsi, il prenait dans la succession de son aïeul naturel la même part que s'il était resté sous sa puissance, c'est-à-dire une part virile, alors même qu'il aurait été institué pour une part moindre ; il n'y était appelé que s'il se trouvait dans des relations de parenté immédiate avec le défunt. Il y venait de son chef ou par représentation, et était soumis à l'obligation du rapport ; s'il en avait été autrement, on aurait violé les lois de la justice, de l'égalité et de l'équité. L'adopté ne devait le rapport qu'autant que, par sa présence, il causait à ses cohéritiers un préjudice quelconque; ainsi pas de rapport à ceux à qui l'adopté ne causait aucun préjudice, et *a fortiori* à ceux à qui sa présence était avantageuse. Il n'y avait d'exception que dans le cas où le fils était sorti de la famille et y avait laissé ses propres enfants. L'adopté et ses descendants concouraient, l'un en vertu du droit prétorien, les autres en vertu du droit civil et on partageait en vertu de la clause que le préteur Salvius Julius avait insérée dans l'édit perpétuel. C'était une transaction entre le droit civil et le droit prétorien.

L'enfant donné en adoption ne venait à la succession des autres membres de la famille naturelle que comme cognat, et à défaut des héritiers siens et des agnats.

L'adopté devenait étranger aux affranchis de son père et ne venait à leur succession que comme cognat de son père naturel, et là où venait un cognat de son degré. De même que l'assignation d'un affranchi faite au profit d'un fils se trouvait détruite par l'émancipation, de même, et par identité de raison, il le devenait par l'adoption. La *capitis diminutio* qui provenait de l'adoption faisait cesser les obligations que la tutelle légitime et la *cessicia tutela* imposaient, mais elle laissait intactes les tutelles dative et testamentaire.

§ 2. *Situation que l'adoption faisait à l'adopté dans sa famille adoptive.*

L'adopté, en devenant civilement le fils ou le petit-fils du chef de sa famille nouvelle, se trouvait placé à l'égard de ce dernier dans une situation presque identique à celle que la naissance aurait pu lui faire. Le principe *adoptio imitatur naturam* était restreint par un autre principe *non jus sanguinis, sed jus adgnationis affert*. Si l'adopté était entré dans cette famille commè fils, il devenait le frère des autres enfants de l'adoptant et l'oncle des petits-enfants de ce dernier.

Si, au contraire, il y était entré comme petit-fils et avec désignation pour père un des enfants de l'adoptant, il occupait le rang de fils par rapport à ce père désigné et de neveu par rapport aux frères de ce dernier.

Enfin, s'il y était entré sans désignation de père, *quasi ex incerto natus*, tout se passait comme si son père avait été mort avant l'adoption.

Le fils de famille ne pouvait, à l'origine, rien acquérir pour son propre compte, ni propriété, ni créance. Tout ce qu'il acquérait était pour le père qui seul pouvait être propriétaire.

Le fils avait, il est vrai, quelquefois l'administration

de certains biens que le chef avait détachés de son
patrimoine, mais cette jouissance n'était que précaire,
parce que son père pouvait la lui retirer arbitrairement. Ces biens constituaient ce qu'on nomme pécule
profectice, *quod prof citur a patre.*

Plus tard cette incapacité du fils de famille, cette
concentration de tous les droits dans les mains d'un
seul, fut modifiée par la création des pécules castrans,
quasi-castrans et adventice.

Le pécule castrans comprenait les biens que le
fils acquérait à l'armée et son origine remonte aux premiers Empereurs Le pécule quasi-castrans, qui, à
l'imitation du premier, paraît avoir été introduit par
Constantin, comprenait les biens que les différents
officiers du palais du prince gagnaient soit à leurs
fonctions, soit des libéralités impériales. La faveur
d'avoir un pécule quasi-castrans fut successivement
étendue par d'autres Empereurs à certaines profes-
sions... Le pécule adventice, introduit par Constantin, comprenait d'abord les biens provenant de
l'hérédité maternelle ; mais il a été successivement
étendu par les Empereurs suivants aux biens donnés
ou laissés par un ascendant maternel, un conjoint, et
même par un fiancé à sa fiancée.

Si avant l'adoption l'adopté se trouvait être propriétaire d'un pécule castrans il l'emportait dans la famille
adoptive et l'adoptant acquérait sur ce pécule les
droits éventuels qu'avait le père naturel. Remarquons
toutefois que, si avant l'adoption l'adopté non mili-

taire avait fait son testament, il devenait *irritum* par suite de sa petite diminution de tête, tandis que le testament fait par un militaire eût été valable.

Pendant la vie de l'adopté, l'adoptant acquérait comme attribut de la puissance paternelle l'usufruit du pécule adventice, il en acquérait la pleine propriété, si l'adopté prédécédait sans enfants, ni frères ou sœurs.

Le pécule profectice composé exclusivement des biens que le père naturel avait donnés à l'adopté à titre de jouissance ou d'administration, revenait au père au moment de l'adoption.

L'adopté n'avait droit à la succession testamentaire de l'adoptant ou à sa succession *ab intestat* qu'autant qu'il était l'héritier sien de ce dernier, c'est-à-dire sous sa puissance immédiate, fils adoptif ou petit-fils sans père désigné, à moins qu'en cas de désignation de père, celui-ci ne fût prédécédé.

Supposons d'abord qu'il s'agisse de la succession testamentaire de l'adoptant, deux hypothèses pourraient se présenter : ou le testament était fait après l'adoption, ou il était fait avant.

1ere *hypothèse.* L'adoptant devait suivre à l'égard de l'adopté quant à l'exhérédation ou à l'institution d'héritier, le même mode qu'il eût dû suivre pour son fils naturel. Ainsi, il devait, avant Justinien, instituer ou exhéréder nominativement le fils adoptif ; l'inaccomplissement de cette formalité amenait la nullité du testament. S'il s'agissait d'une fille ou d'un petit-

fils adoptif, l'adoptant devait les instituer ou les exhéréder collectivement *inter cæteros*. La prétérition de
ces personnes avait pour effet d'ouvrir en leur faveur
le *jus accrescendi*, c'est-à-dire le droit de concourir
avec les héritiers institués pour une portion détermi-
née. Sous Justinien, plus de distinction dans le mode
d'exhéréder ou d'instituer entre le fils, la fille et les
petits-fils : l'exhérédation devait toujours être nomi-
native, leur omission rendait nul le testament. Les
militaires seuls pouvaient, par une omission, exhéréder
indistinctement tous leurs enfants, pourvu qu'il fût
constant que telle avait été leur volonté.

2ᵉ hypothèse. Si l'adoptant avait fait son testament
avant l'adoption d'un individu en qualité de fils ou de
petit-fils, sans désignation ou avec désignation de
père prédécédé, l'existence de cet héritier tiers,
de cet adopté, avait toujours eu pour effet
de rompre le testament de la même manière que
s'il se fût agi de la survenance d'un descendant naturel. Lorsque plus tard on permit d'instituer ou d'exhéréder d'avance les posthumes velléiens, l'adoptant
pouvait-il éviter la rupture du testament en instituant
ou en exhérédant d'avance le futur adopté ? Gaïus ne
le croyait pas. Selon lui ce testament était rompu,
d'une manière absolue, par cette quasi-agnation d'un
héritier sien, *omni modo testamentum ejus rumpitur
quasi agnatione sui hæredis*. (Gaïus, 2, § 138). Quant à
l'exhérédation d'une personne qui n'était pas héritier
sien au moment de la confection du testament, Gaïus

nous dit qu'il est inutile d'en parler. Papinien et Scævola étaient d'accord avec Gaïus pour rejeter la validité
de l'exhérédation à l'égard du futur adopté, parce que
celui-ci, avant son adoption, était, pour le testateur,
un étranger, c'est-à-dire une personne qui n'avait
pas de droit à son hérédité; par conséquent, le testateur était dans l'impossibilité de l'exhéréder, de lui
enlever des droits qu'elle n'avait point ; mais ils
croyaient que le testament dans lequel le futur adopté
avait été institué d'avance n'était pas rompu par l'agnation de cet héritier. Papinien va un peu plus loin ; il
déclare efficace l'exhérédation du fils que le père
avait d'abord émancipé, puis exhérédé, et plus tard
adrogé.

Enfin, Ulpien va plus loin encore, en déclarant efficace l'exhérédation d'un fils par son père naturel faite
à l'époque où ce fils se trouvait encore dans la famille
adoptive et n'était pas appelé à l'hérédité par le droit
civil ou à la possession des biens par le droit prétorien.

Ulpien, sans aucun doute, voyait un motif suffisant de maintenir l'exhérédation parce que cet adopté
émancipé plus tard aurait pu venir comme cognat
à la possession des biens *unde cognati*. Justinien consacra la décision des autres jurisconsultes et rejeta
l'opinion de Gaius par la suppression du mot *omni-
modo*.

Le principe que l'adopté avait les mêmes droits que
l'enfant naturel nous conduit à lui reconnaître le

droit d'intenter la *quere'a inofficiosi testamenti*. C'est l'habileté des jurisconsultes romains cherchant à conserver intacts les principes du vieux droit, tout en les accommodant avec les besoins du progrès, qui donna naissance à cette action qu'ils basaient sur la fiction que ceux qui avaient exhérédé leur enfant, sans motifs légitimes n'étaient pas sains d'esprit. Ce n'était qu'une présomption de folie ; car une folie véritable aurait, sans le secours de la jurisprudence amené la nullité de toutes les dispositions testamentaires. Aussi ce secours n'était accordé qu'à défaut de tout autre : c'était un *ultimum remedium*.

Disons en passant que l'adrogé ayant une autre garantie, la *quarte antonine* ne pouvait pas intenter la *querela inofficiosi testamenti*.

L'adopté pris entre trois enfants mâles ne pouvait pas intenter cette *querela*, parce que le sénatus-consulte Sabinien lui accordait le quart des biens de son père adoptif qui l'émancipait. Le but de ce sénatus-consulte était de protéger l'adopté *ex tribus maribus* qui, après avoir perdu ses droits dans sa famille naturelle, aurait été aussi privé dans la famille adoptive de tous droits par une émancipation, ou par une exhérédation. Avant Justinien, le testateur qui désirait préserver son testament de la rescision, devait laisser à son enfant le quart des biens qu'il aurait eus à sa succession légitime, ou ordonner expressément à son héritier de compléter ce quart en cas d'insuffisance. Mais sous Justinien, cette volonté était toujours

présumée chez le testateur qui avait laissé quelque
chose à son fils, de sorte que ce dernier n'avait que
l'action en complément et jamais la *querela inofficiosi
testamenti*. La novelle 118 modifia le *quantum* de la
légitime qui a été étendu à la moitié des biens dans le
cas où le testateur aurait laissé plus de quatre enfants,
et au tiers des biens dans le cas où il en aurait laissé
quatre ou moins. Tous ces principes étaient aussi bien
applicables aux enfants naturels qu'aux adoptés.

Examinons maintenant quels étaient les droits
éventuels de l'adopté dans la succession *ab intestat* de
l'adoptant. A cet égard, nous devons supposer trois
cas :

1° Que l'adopté se trouvait encore dans la famille
adoptive ; 2° qu'il en avait été renvoyé par émancipation, mais du vivant de son père naturel ; 3° qu'il en
avait été renvoyé par émancipation, mais seulement
après le décès de son père naturel. Dans le premier
cas, il était héritier sien du père adoptif, il acquérait
dans la succession adoptive les droits de succession
qu'il avait perdus dans sa famille naturelle. Le partage entre lui et les autres héritiers siens se faisait par
tête, c'est-à-dire par portions égales, si tous étaient
au premier degré seulement du défunt, ou par souche, si l'adopté ou quelqu'un des autres héritiers était
à plus d'un degré du défunt. Dans ce dernier cas, le
partage ne se faisait plus par portions égales, l'hérédité se partageait en autant de parts qu'il y avait de fils
vivant et prédécédés, et chacune de ces portions se

répartissait par tête entre les membres de la même souche.

Dans les second et troisième cas, au contraire, l'adopté renvoyé de la famille adoptive n'y conservait aucune espèce de droit. Il était considéré comme un étranger, parce que le lien civil qui l'avait uni pour quelque temps, avait été brisé par l'émancipation.

Mais, si, entre ces deux cas, il n'y avait aucune différence au point de vue des droits successifs dans la famille adoptive, il y en avait de grandes au point de vue des droits successifs dans la famille naturelle. Nous avons déjà eu l'occasion d'en parler.

Le principe que l'adopté devrait être considéré quant à la transmission de la succession testamentaire ou ab intestat de l'adoptant, comme s'il était issu de son mariage, souffrait une exception

D'après la loi des XII tables, l'hérédité de l'affranchi était dévolue, dans le cas de testament, à l'héritier institué, ou à l'héritier sien dans le cas contraire, de sorte que l'institution de l'héritier ou la présence d'un enfant adoptif, avait pour effet d'écarter le patron.

Le préteur accordait la possession des biens *unde legitimi* au patron, ou, à son défaut, à ses enfants, et les faisait concourir par moitié avec l'héritier institué ou l'adopté de l'affranchi, bien que cet adopté fût un héritier sien. Les droits de la patronne et des filles du patron étaient régis par la loi des XII tables, jusqu'à la loi Papia Poppœa qui étendit les dispositions, de l'édit en faveur des filles et petites-filles agnates du patron qui auraient eu trois enfants, à la patronne ingénue qui en aurait eu deux et à la patronne affranchie qui en aurait eu trois.

Nous croyons que, sous Justinien malgré le silence de sa constitution, l'adopté devait être assimilé à l'enfant issu des justes noces, et qu'il pouvait, par sa présence, écarter de la succession de l'affranchi adoptant, le patron et ses descendants.

L'adopté avait des droits éventuels à la succession des agnats, membres de la famille adoptive qui étaient décédés sans héritiers siens, et selon le rang qu'il occupait dans la famille civile ; par conséquent, il avait la *querela inofficiosi testamenti*, si les frères et sœurs agnats l'avaient dépouillé de leur hérédité en lui préférant des personnes viles peu honorables : *turpibus*.

Mais il était équitable que l'adopté, qui avait des droits de succession sur les biens de toute la famille adoptive, fût soumis aux charges qui étaient une juste compensation de ses droits. L'adopté devenait donc le tuteur de ceux de ses agnats, dont il était l'héritier présomptif toutes les fois qu'il y avait lieu à la tutelle légitime, à moins qu'il n'eût quelque excuse à faire valoir ou qu'il n'en fût exclu pour raison d'incapacité à cause de son âge ou de son sexe. *Quia plerumque ubi successionis est emolumentum ibi et tutelæ onus esse debet*, Inst. 1.17 Pr., *quum et agnatos quos ad hæreditatem vocavit, eosdem et tutores esse jusserit*. Gaïus 1 § 165 *in fine*.

IV

Des modes de dissolution de l'adoption

De même que l'enfant naturel pouvait sortir de sa famille naturelle au moyen d'une émancipation ou de l'adoption, de même et *a fortiori*, l'adopté pouvait devenir étranger à la famille adoptive au moyen de l'émancipation ou d'une autre adoption. Ces deux modes d'affranchissement de la puissance paternelle étaient les seuls qui faisaient dissoudre l'adoption et qui pouvaient faire cesser à la fois l'agnation et la puissance paternelle. La grande et la moyenne diminution de tête qu'éprouvait l'adopté faisaient aussi évanouir l'adoption, du moins pendant le temps où l'adopté était prisonnier. Son état, dans ce cas, était soumis à une véritable condition suspensive, subordonnée à son retour, *jus postliminii*.

V

Réforme de l'adoption par Justinien

Nous avons vu qu'anciennement le sort de l'enfant donné en adoption était le plus souvent abandonné à la merci et aux caprices de l'adoptant et que, malgré les efforts des préteurs pour parer à cet inconvénient, il y avait encore des abus que Justinien a voulu faire disparaître. Cet empereur conserva à l'adrogation tous les effets et à l'adrogé tous les droits que les anciens jurisconsultes lui avaient accordés dans la famille de l'adrogeant ; tandis qu'il introduisit dans l'adoption ordinaire une distinction fondamentale tirée de la personne de l'adoptant. L'adoptant était-il un étranger, *extraneus*, ou bien un ascendant de l'adopté, telle était la distinction d'où l'on faisait découler les conséquences tout-à-fait inverses.

Par étranger, dans la matière qui nous occupe, on entendait celui qui n'était ni ascendant paternel ou maternel ; mais comment se faisait-il qu'un ascendant eût besoin de recourir à l'adoption pour avoir sous sa puissance son propre descendant ? Dans plusieurs cas un ascendant n'avait pas sous sa puissance son propre descendant : 1° Un ascendant maternel n'avait pas sous sa puissance son propre descendant *ex filia*, et devait, pour l'y soumettre, recourir à l'adoption ; 2° un individu émancipait ou donnait son fils en adoption. Les enfants conçus postérieurement à ces actes ne se trouvaient pas sous la puissance de leur aïeul naturel ; 3° un individu qui, ayant un fils ou un petit-fils sous sa puissance, émancipait le premier et retenait le second : le père au décès de l'aïeul n'avait pas sous sa puissance son propre fils.

Dans tous ces cas et autres analogues, il fallait une adoption pour conférer à l'ascendant soit maternel, soit paternel émancipateur, ou émancipé, la puissance paternelle sur leurs propres descendants.

Justinien conserva tous les anciens effets de l'adop-

tion proprement dite dans le cas où l'adoptant était
un ascendant, car, dans ce cas, on ne pouvait pas sérieusement craindre une émancipation frauduleuse de
la part de l'adoptant uni à l'adopté par les liens du
sang. Il y a plus, l'adopté descendant, n'étant pas
sorti de sa famille naturelle, avait toujours une possession des biens contre le testament de son aïeul,
tandis que, dans le cas où l'adoptant était un étranger, l'adopté n'entrait ni dans la famille ni sous la
puissance de l'adoptant ; il n'y acquérait qu'un droit
de succession, *ab intestat*, dans l'hérédité de l'adoptant. Mais si celui-ci faisait son testament, il était libre
de ne rien laisser à l'adopté. Ce dernier restait dans
sa famille naturelle et il y conservait intacts tous ses
droits, comme si l'adoption n'avait pas eu lieu. Les
anciens effets de l'adoption proprement dite devaient
se produire en faveur de celui qui était adopté par un
extraneus, toutes les fois que leur admission ne causait aucun préjudice à l'adopté. Voici l'espèce : Primus
ayant sous sa puissance son fils Secundus, et son petit
fils Tertius, né de ce fils, donna en adoption à Titius
son petit-fils Tertius. Celui-ci, à la mort de Primus,
était regardé comme étant dans la famille de l'adoptant, si, à cette époque, l'adopté, primé par son père
naturel n'était pas en ligne de compte pour succéder à
son aïeul ; tandis que si le père naturel était prédécédé, le petit-fils était considéré comme n'étant jamais
sorti de sa famille naturelle.

La Constitution supprima la quarte Sabinienne

pour tout adopté pris *ex tribus maribus* qui ne sortait
pas de sa famille. Enfin elle trancha incidemment la
question autrefois controversée parmi les jurisconsultes Romains, sur la question de savoir si l'adopté
avait la *querela inofficiosi testamenti*, de son père
naturel, en cas d'exhérédation injuste. Marcien ne la
lui accordait que dans le cas où par suite de sugges-
tion frauduleuse, le fils s'était laissé adopter par un
homme pauvre. Papinien, au contraire, la lui refusait
dans tous les cas. Justinien trancha la question dans
le sens de ce dernier jurisconsulte, refusa absolument
la *querela* à l'enfant entré dans la famille adoptive et,
par sa réforme, rendit impossible et impraticable la
fraude que le premier de ces deux jurisconsultes
appréhendait.

Vers la fin de la République s'introduisit l'usage de
donner le nom d'adoption aux clauses testamentaires
dans lesquelles certaines personnes désignaient celles
qu'elles entendaient faire à la fois héritiers de leur nom
et de leur fortune, c'est ainsi, par exemple, que César
crut pouvoir dire dans l'acte qui renfermait ses dernières volontés, qu'il adoptait Octave. Cette prétendue
adoption qui, selon nous, était encore en usage à l'é-
poque de Justinien, n'avait point d'effets en droit, ne
faisait entrer l'adopté dans la famille du testateur,
que dans le cas où elle aurait été confirmée primitivement par une loi curiate et plus tard par l'Empereur.

CHAPITRE II

DE L'ADROGATION

L'adrogation est un acte solennel par lequel une personne *sui juris*, un chef de famille passait so us la puissance d'un autre avec tous ses biens et toutes les personnes soumises à son pouvoir : c'était l'adoption d'une personne *sui juris*, mais différant de l'adoption proprement dite par ses formes, par certains de ses effets et par les personnes à qui elle pouvait s'appliquer.

Pour éviter toute redondance sur les règles communes à ces deux espèces d'adoption, nous nous bornerons simplement à rappeler, toutes les fois que l'occasion s'en présentera, celles qui étaient communes à ces deux espèces d'adoption. Nous avons déjà fait l'application à l'adoption proprement dite d'un certain nombre de règles qui régissaient aussi cette adrogation.

I

Des formes de l'adrogation

L'adrogation a toujours été considérée chez les Romains comme un des actes les plus importants de la vie civile, depuis les temps reculés jusqu'à vers la fin de la république. C'était le peuple romain assemblé dans ses Comices par Curies qui sanctionnait par une loi curiate, l'adrogation que les Pontifes avaient approuvée. Nous lisons dans les Nuits Attiques, d'Aulu-Gelle, v. XIX, *Arrogationes non temere, nec inexplorate committuntur : nam comitia, arbitris etiam pontificibus, prœbentur, quœ curiata appellantur.* »

Depuis cette époque jusqu'à Dioclétien et Maximien, l'adrogation ne se faisait plus devant le peuple assemblé dans ses comices, bien que nous lisions dans Gaius Com. I, § 100 :.. *Quœ per populum fit* § 101 *item per populum feminœ non adoptantur...* et dans Ulp. Reg. VIII § 2 *adoptio fit aut per populum...* §§ 3 et 5 *per populum.....,* mais devant les trente licteurs chargés de représenter les trente anciennes curies. Anciennement on procédait de la manière suivante : Un pontife était chargé de faire l'enquête relative à l'opportunité de l'adrogation et d'en rendre compte au collége des pontifes. C'était la *cognitio causœ.* Si le pontife indiquait que l'adrogation était honnête et avantageuse au pupille, et que les parties réunissaient les conditions exigées par la loi, alors le collége des pontifes convoquait le peuple et plus tard les licteurs, primitivement par le ministère d'un de ses membres ou d'un licteur pour qu'il sanctionne le projet d'adrogation approuvé. Le pontife ou le licteur qui était chargé de ces différents soins, demandait alors à l'a-

drogeant s'il voulait prendre un tel pour son fils légitime, à l'adrogé s'il voulait le devenir et au peuple s'il
l'ordonnait, et l'adrogation avait lieu immédiatement
après la réponse affirmative des parties et la sanction
du peuple ou des licteurs. C'est de ces diverses inter-
rogations que Gaius Com. I § 99, fait dériver le nom
d'adrogation : *Quæ species adoptionis dicitur adroga-
tio, quia et is qui adoptat rogatur, id est interrogatur,
an velit eum quem adoptaturus sit justum sibi filium
esse et is qui adoptatur rogatur an id fieri patiatur et
populus rogatur an id fieri jubeat.*

Outre le concours du pouvoir législatif, le peuple ou
les licteurs, du pouvoir religieux, le collége des pontifes et de l'emploi de certaines formes solennelles,
l'adrogation seule était soumise à un certain contrôle,
à une espèce d'enquête de la part de l'autorité pour
voir s'il convenait ou non de permettre l'adrogation.
On examinait quelle était la conduite de l'adrogeant,
quelle était sa fortune et celle du pupille comparée à
la sienne, en un mot, on examinait si l'adrogation était
honorable et avantageuse au pupille *an honesta sit, ex-
pediatque pupillo.*

Dans le nouveau droit que la constitution de Dioclétien et Maximien introduisit, l'adrogation se faisait
par rescrit du prince qui ne devait donner son autorisation qu'en connaissance de cause.

La substitution de l'autorité impériale à celle du
peuple ou des licteurs n'a eu lieu que longtemps après
la loi *Regia* qui avait conféré à l'empereur le pouvoir

législatif ; ce semblant de respect religieux à l'égard des anciennes institutions, ce maintien du *statu quo* ne doit pas nous étonner, surtout pour un acte où la souveraineté populaire s'exerçant dans de très-étroites limites ne pouvait pas sérieusement donner d'ombrage au despotisme impérial : *adrogatur etenim ex indul-gentia principali facta perinde valet. L. 2 in fine* Code (8. 48).

En principe, le consentement de l'adrogeant et de l'adrogé suffisait pour la formation du contrat d'adrogation ; mais ce principe reçut sous l'empire deux exceptions.

1° Le mineur de 25 ans ne pouvait pas être adrogé sans le consentement de son curateur ; cette innovation a été introduite par l'empereur Claude ; 2° lorsque plus tard on permit l'adrogation de l'impubère, on exigea l'intervention de son tuteur ou même de tous ses tuteurs, soit testamentaires, soit légitimes, soit datifs, s'il en avait eu plusieurs.

Ce changement en amena d'autres. D'abord, l'adrogation pouvait avoir lieu dans les provinces, puis les impubères et encore plus les femmes retirèrent de cette innovation une capacité qu'ils n'avaient pas auparavant. L'adrogation, pas plus que l'adoption, ne pouvait pas se former par procureur, ni à terme, ni sous une condition soit suspensive, soit résolutoire.

II

Des conditions de l'adrogation

L'adrogeant devait non-seulement réunir toutes les conditions que la loi exigeait chez l'adoptant, mais encore quelque chose de plus. Nous savons, en effet, qu'à toutes les époques l'adrogation était précédée d'une *cognitio causæ*, c'est-à-dire d'une enquête qui, en général, avait trait à la personne de l'adoptant.

L'adrogeant qui avait d'autres enfants, soit naturels, soit adoptifs, ne pouvait pas, en principe, adroger, non-seulement parce qu'il eut été à craindre que cet acte ne détruisît les espérances qu'auraient pu former les autres enfants issus du mariage, mais parce que l'adrogé n'aurait pas reçu tout ce qu'il était convenable qu'il reçût, en raison des sacrifices qu'il se serait imposés. Cette prohibition commune aux deux espèces d'adoption était appliquée avec plus de rigueur à l'adrogant qu'à l'adoptant.

Le premier devait avoir atteint sa soixantième année à moins que certaines circonstances particulières, v. g., son état de santé, la parenté avec l'adrogé, ne justifiassent une dérogation à cette règle. Enfin, il ne pouvait pas adroger un mineur de 25 ans dont il avait été le tuteur ou le curateur. Mais l'empereur Antonin déclara dans un rescrit qu'on devait permettre au beau-père tuteur d'adroger le fils de sa femme, parce qu'ici les motifs de suspicion n'existaient pas au même degré.

La femme qui a toujours pu être adoptée ne pouvait pas se donner en adrogation, cela tenait uniquement à son incapacité d'avoir accès aux comices dans les anciennes formes de l'adrogation.

Mais aussitôt que le pouvoir de prononcer l'adrogation fut passé du peuple et des licteurs à l'Empereur, l'exclusion des femmes devait nécessairement et logiquement disparaître avec sa cause. C'est dans une constitution des empereurs Dioclétien et Maximien que nous voyons pour la première fois que les femmes pouvaient à cette époque être adrogées. Nous croyons que cette constitution n'a pas été remaniée par les commissaires de Justinien. Par une raison à peu près identique, les impubères ne pouvaient pas, en principe, être adrogés. Cette prohibition, qui continua jusqu'à Antonin-le-Pieux, n'était pas aussi absolue qu'à l'égard de la femme, car, comme nous dit Gaius, Comm. I, § 102, l'adrogation des impubères fut tantôt défendue, tantôt permise. Il est probable que Gaius a entendu dire par là que les comices et les pontifes ont quelquefois fait acte d'omnipotence, en admettant l'adrogation des impubères. Cette interdiction d'adroger fut levée par un rescrit d'Antonin-le-Pieux, qui admit d'une manière générale l'adoption des impubères, en la soumettant à des règles spéciales dont l'étude fera l'objet d'un paragraphe ultérieur. L'affranchi qui pouvait adopter ou adroger ne pouvait en prin-

cipe, être adrogé que par son patron et à la condition que ce dernier donnât un motif plausible à
l'appui de la demande. Cette adrogation ne con-
férant jamais la qualité d'ingénu, rendait impossible le *connubium* entre lui et une famille séna-
toriale. L'adrogation d'un affranchi par un étranger,
faite par surprise ou obtenu par ruse, était sans doute
valable, mais elle ne portait aucune atteinte aux
droits de son patron. Enfin l'enfant né d'un concubi-
nat pouvait dans l'ancien droit être adrogé.

Aucun texte à notre connaissance ne défendait ni
expressément ni tacitement une pareille adrogation.

L'Empereur Anastase la permit expressément et
l'érigea en mode de légitimation des enfants naturels.

Justin maintint toutes les adrogations faites avant
lui, mais il défendit d'en créer à l'avenir, et Justinien
consacra la décision de son père dans l'intérêt des
bonnes mœurs et du mariage.

III

Des effets de l'Adrogation

L'adrogation faisant passer sous la puissance paternelle un chef de famille avec toutes les personnes
soumises à sa puissance produisait des effets collectifs
et complexes.

La famille de l'adrogé disparaissait, s'absorbait,

se fondait dans celle de l'adrogeant et subissait les conséquences d'un acte auquel elle avait été étrangère, seulement parce que son chef l'avait voulu.

Justinien rapporte dans ses Instituts (I. 11 , 11.) qu'Auguste ne voulut adroger Tibère qu'après que ce dernier eut adrogé Germanicus, afin que celui-ci immédiatement après l'adrogation se trouvât le petit-fils d'Auguste.

Ainsi le rang des descendants, soit naturels, soit adoptifs par rapport à l'adrogeant, était d'un degré inférieur à celui qu'ils comptaient dans la famille de leur chef, si ce dernier était entré comme fils dans la famille de l'adrogeant, de deux degrés, s'il y était entré comme petit-fils, et ainsi de suite.

L'adrogeant acquérait en même temps tout le patrimoine de l'adrogé à l'exception toutefois des biens qui composaient les pécules castrans et quasi-castrans et plus tard le pécule adventice.

Mais sous Justinien, sauf l'exception relative aux deux premiers pécules, l'adrogé conservait à titre de pécule adventice la propriété des biens qu'il possédait le jour de l'adrogation et l'adrogeant n'acquérait sur eux qu'un droit d'usufruit. Seulement si l'adrogé mourait dans la famille de l'adrogeant sans laisser aucun des héritiers (descendants, frères ou sœurs) que les constitutions impériales appelaient avant l'adrogeant, celui-ci avait la pleine propriété des biens de l'adrogé.

L'adrogation était une cause de la petite diminution de tête non-seulement de l'adrogé, mais encore de toutes les personnes soumises à sa puissance. Cette *minima capitis diminutio* n'agissait que dans le domaine du droit privé. Ainsi l'adrogation d'un sénateur, d'un magistrat ou d'un juge, n'exerçait aucune influence sur les fonctions publiques ; en d'autres termes la petite diminution de tête que subissaient l'adrogé et sa famille ne frappait ni la personne de droit public, ni la personne de droit naturel, ou leur personne physique; les droits, les créances et les obligations concernant ces deux espèces de personnes continuaient de subsister en la personne de l'adrogé et des membres de sa famille. Si quelqu'un se donnait en adrogation à un citoyen d'une autre ville, il acquérait bien la patrie de l'adrogeant, mais il n'en conservait pas moins sa patrie d'origine, dans laquelle il gardait intacts les droits et les obligations qu'il y avait par sa naissance. Cet usage paraît avoir été admis pour obvier aux combinaisons frauduleuses de ceux qui se donnaient en adrogation pour se soustraire aux charges de leur ville natale. Par application du principe que l'enfant devait suivre, la condition que son père avait au moment de la conception, nous devons dire que les enfants de l'adrogé conçus postérieurement à l'adrogation pouvaient être considérés comme ayant pour patrie celle de leur aïeul paternel, parce que leur père avait à ce moment deux patries, celle de l'adrogeant et celle de son père naturel.

La condition honorifique de l'adrogé ou de l'adopté

en général n'était nullement altérée de l'adoption, elle en était, au contraire, augmentée *per adoptionem*, nous dit Paul, l. 35, D. (1, 7.) *non minuitur sed augetur*.

L'adoptant ou l'adrogeant était-il patrice, sénateur ou décurion? L'adopté ou l'adrogé acquérait les charges et les prérogatives de fils de patrice, de sénateur ou de décurion.

Mais la personne civile de l'adrogé perdait complétement tóus les droits que la petite diminution de tête produite par l'adrogation anéantissait. De ce nombre étaient : l'agnation, la gentilité, le patronage, les tutelles qui en dépendaient, certaines créances, celles des services auxquels s'était engagé par serment un affranchi, celle résultant d'une adstipulation. L'usufruit et l'usage, qui autrefois s'éteignaient même par la petite diminution de tête, n'en périssaient plus à partir de la constitution de Justinien, mais ils passaient à l'adrogeant.

Quant aux dettes de l'adrogé, il faut d'abord distinguer entre les dettes de successions à lui échues et celles qui ont pris naissance en sa personne et ensuite sous distinguer entre les dettes personnelles qui ont pris naissance par suite d'un contrat ou d'un quasi-contrat, et celles qui provenaient d'un délit ou d'un quasi-délit.

Les dettes d'une hérédité dont l'adrogé faisait adition par ordre de l'adrogeant devaient être payées, sans aucun doute, par ce dernier, *ultra vires successio-*

nis, ou jusqu'à concurrence de son émolument suivant les cas. Mais *quid* des dettes d'une hérédité échue à l'adrogé avant son adrogation ? Devaient-elles être traitées comme ses dettes personnelles ou plutôt comme celles d'une hérédité échue pendant l'adrogation. Gaïus, Com. III, § 84, semble les assimiler à ces dernières dettes.

Par application des principes généraux du droit, la petite diminution de tête libérait l'adrogé de toutes les obligations dont il était tenu envers les tiers, soit en vertu d'un contrat ou d'un quasi-contrat ; mais non de celles résultant d'un délit ou d'un quasi-délit. Ces dernières continuaient à peser sur lui comme par le passé. Le préteur, supposant que la petite diminution de tête n'avait pas eu lieu, accordait aux créanciers une action utile contre l'adrogé afin de forcer l'adrogeant de venir le défendre. Faute de défense contre cette action, les créanciers étaient autorisés par le préteur de faire vendre tous les biens qui appartenaient à l'adrogé avant son adrogation.

En résumé, les créanciers d'une personne qui se donnait en adrogation perdaient, en droit civil, l'action qu'ils avaient contre elle, mais il leur était accordé par le préteur une sorte de *restitutio* contre cet effet inique de la *minima capitis diminutio* qu'impliquait l'adrogation.

Ait prætor : qui quæve, posteaquam quid cum his actum contractum ve sit, capite diminuti diminutæve esse dicentur, sic eos easve, perinde quasi id factum non sit, Judicium dabo. L. 2, § 1, D. (4, 5).

La *restitutio* dont il s'agit différait de l'*in integrum restitutio* en ce que, pour la première, le préteur devait concéder toujours l'action utile sans se livrer précédemment à une *cognitio causæ*; tandis que pour la seconde le magistrat se livrait à une *cognitio causæ* avant de concéder l'*in integrum restitutio* qui devait être demandée dans un certain délai.

Sous Justinien, le remède était le même quant au fond, mais il en différait quant à la forme; car si l'on admettait bien encore que l'adrogeant n'était pas tenu *ipso jure* des dettes qui pesaient sur l'adrogé, on n'exigeait plus des créanciers l'obtention de cette espèce de restitution.

Justinien a suivi la marche que Gaïus indiqua. Mais les Proculiens proposèrent un autre mode de procéder en pareil cas en accordant l'action *de peculio.*

<h2 style="text-align:center">IV</h2>

De l'adrogation des impubères

Aulu-Gelle Nuits Att. nous dit d'une manière absolue que, dans l'ancien droit, l'adrogation des impubères n'était pas permise. D'abord, parce que l'impubère ne pouvait pas figurer dans les comices, et ensuite parce que le tuteur ne pouvait pas autoriser son pupille à descendre dans la classe des personnes *aleni juris ;* car, en donnant une pareille autorisation, il dépassait ses pouvoirs.

Ulpien est aussi absolu qu'Aulu-Gelle. Les pupilles, nous dit-il, ne pouvaient pas autrefois être adrogés. Ulp. Reg. VIII, § 5.

Toutefois, Gaïus, Com. I § 102, moins absolu que les deux autres, nous fait connaître que l'adrogation des impubères a été quelquefois défendue et quelquefois permise. *Item impuberem apud populum adoptari aliquando prohibitum est, aliquando permissum est.*

L'empereur Antonin-le-Pieux qui, par un rescrit adressé aux pontifes, permit d'une manière générale l'adrogation des impubères, prescrivit certaines conditions, certaines mesures préventives, dont les unes étaient destinées à garantir l'intérêt exclusif de certains tiers et les autres principalement l'intérêt du pupille lui-même et accessoirement celui de ses héritiers ou de ses ayants-cause. Toutes ces règles avaient pour but d'empêcher l'adrogeant de chercher à réaliser un bénéfice, d'écarter autant que possible toute idée de spéculation de la part de l'adrogeant. Celui-ci était même puni dans le cas où il avait voulu se jouer de l'adrogation en émancipant *sine justa causa,* capricieusement, l'adrogé impubère.

Avant de songer à demander le rescrit impérial, il était indispensable de procéder préalablement à la *causæ cognitio,* dont nous avons parlé ci-dessus. Si les résultats de cette enquête étaient favorables, on les soumettait à l'Empereur, qui autorisait l'adrogation, si le consentement des parties était accompagné de celui du tuteur ou des tuteurs de l'adopté, et si, mais à partir de Dioclétien seulement, il n'y avait pas une juste opposition de la part des parents, dont cet empereur exigea l'intervention. Ceux-ci devaient toujours déclarer leur opinion sur l'opportunité de l'adrogation.

L'adrogation était-elle admise ? Elle ne pouvait se faire qu'avec les conditions suivantes :

1° L'adrogeant devait sur la stipulation verbale, primitivement d'un esclave public, et depuis Arcadius et Honorius d'un homme libre, d'un *tabularius* faire la promesse et la cautionner par des hommes solvables de restituer les biens de l'adrogé mort impubère à ceux qui, sans l'adrogation, lui eussent succédé.

L'usage de faire recevoir la promesse par cette espèce de notaire ou greffier, nous fournit un nouvel exemple de subtilités destinées à échapper indirectement, en paraissant les respecter, aux rigueurs du pur droit civil.

En effet, d'après le droit strict, une personne libre ne pouvait pas stipuler pour autrui. On a sonsidéré, *utilitatis causa*, ce tabularius comme appartenant en commun à tous les citoyens romains et on faisait acquérir ceux d'entre eux en faveur desquels l'esclave public stipulait, comme on faisait acquérir la stipulation d'un esclave commun à celui de ses maîtres au nom de qui il avait stipulé. On était forcé de recourir à ce détour pour assurer la restitution des biens du pupille aux personnes qui devaient en profiter et qui, pouvant être aussi bien des successeurs *ab intestat* comme des héritiers testamentaires, étaient en général indéterminées et inconnues.

Cette caution était considérée comme une formalité tellement essentielle de l'adrogation des impubères qu'elle devait être sous-entendue dans le cas où elle n'avait pas été expressément accomplie.

Bien que depuis la constitution des Empereurs Arcadius et Honorius les tabellions fussent exclusivement pris dans la classe des hommes libres, on continua à les charger de stipuler en matière d'adrogation (Code l. 3, *de tabuler.*) et de remplacer ainsi les tiers intéressés à la restitution des biens de l'impubère. L'action que la promesse de l'adrogeant faisait naître en faveur des héritiers ou des ayants-cause de l'adrogé, mais non à sa faveur était une action utile qui leur était accordée même dans le cas où ils avaient négligé de faire recevoir cette promesse. *Quæ satis datio si omissa fuerit, utilis actio in adrogatorem datur* l. 19, § 1, D. (1. 7).

Mais comment pouvait-il être question d'une hérédité testamentaire de l'adrogé mort impubère de celui qui n'avait pas la *factio testamenti* active ? Pour cela il faut supposer que le père naturel de l'adrogé avait fait une substitution pupillaire, c'est-à-dire que le père avait fait le testament de son fils en accessoire de son propre testament...

Mais qu'arrivait-il si l'adrogeant en vertu de la puissance paternelle qu'il acquérait sur l'adrogé avait fait aussi une substitution pupillaire ? Cette dernière substitution produisait ses effets seulement quant aux biens que l'adrogé avait reçus de lui ou acquis à sa considération, par exemple par suite d'une donation ou d'un legs fait par un parent ou un ami de l'adrogeant, *beneficio adrogatoris* ; tandis que les autres biens devaient, d'après le rescrit d'Antonin, être restitués à ceux qui sans son adrogation eussent été ses héritiers. Quelques jurisconsultes doutaient s'il fallait comprendre dans la restitution même la quarte Antonine que l'adrogeant devait laisser à l'adrogé en vertu du rescrit d'Antonin, parce qu'elle était acquise à l'adrogé non de la volonté de l'adrogeant, mais de la loi. Cette quarte ne revêtissait point, par elle-même, le caractère d'une libéralité ; parce que l'adrogeant n'était pas libre d'en priver l'adrogé. *Quia hoc non judicio ejus ad eum pervenit, sed principali providentia*, loi 22, D. (1. 7).

Mais Scævola permettait au substitué de l'adrogeant de garder cette quarte, et Ulpien reconnaît que cette décision était conforme aux principes, *habet rationem*.

2° Si l'adrogeant, émancipait l'adrogé étant encore impubère pour un motif raisonnable, il devait rendre à cet adrogé tous les biens que ce dernier lui avait transféré au moment de l'adrogation, et ceux qui lui étaient venus plus tard. Cela était conforme à la justice et à la raison, parce qu'on ne pouvait pas condamner l'adrogé à expier ses contraventions enfantines avec le sacrifice de sa fortune et procurer à l'adrogeant un moyen facile de s'emparer du bien d'autrui !

3° Si l'adrogeant émancipait l'adrogé étant encore impubère, mais sans de justes motifs, indépendamment de la restitution de ces biens, l'adrogeant devait laisser à l'adrogé le quart de ses propres biens. Ce quart reçut le nom de : *quarte Antonine* (*quarta Divi Pii*), parce que Antonin en était le créateur. C'était une espèce d'amende encourue par l'adrogeant qui s'était fait un jeu d'adroger et d'émanciper un impubère.

4° Si l'adrogeant excérédait l'adrogé, celui-ci pouvait même et il avait mérité l'excérédation, réclamer en sus de ses biens le quart de ceux de l'adrogeant, parce que celui-ci ne devait pas attendre le dernier moment de sa vie, ou du moins, celui où il faisait son testament, pour punir probablement quelques fautes légères de l'adrogé. En effet, si l'adrogeant avait de bonnes raisons pour sévir contre l'adrogé, pourquoi il ne l'a pas fait émanciper par le magistrat *cum justa causa*? Pourquoi n'a-t-il pas suivi la voie la plus juste? Probablement, parce qu'il croyait ses rigueurs injustes.

Le droit à la restitution des biens qui, dans le premier cas, devrait avoir lieu, en faveur des héritiers de l'adrogé, s'ouvrait au moment de la mort de ce dernier.

Dans le second et troisième cas, l'adrogé pouvait

exiger la restitution de ses biens, immédiatement après son émancipation ; tandis que, dans le quatrième, il ne le pouvait qu'après la mort de l'adrogeant.

Quant à la quarte, Antonine c'était toujours au moyen de l'action *familiæ erciscundæ* utile et après le décès de l'adrogeant, que l'adrogé pouvait obtenir cette quarte qui n'était qu'une partie de la succession de l'adrogeant.

Il est bien entendu qu'à partir de Justinien l'adrogeant ne devrait restituer, en ce qui concernait les biens de l'adrogé que la jouissance ; puisque, à cette époque, il ne gagnait pas la pleine propriété de ces biens, comme au temps d'Antonin-le-Pieux.

Si l'adrogé parvenait à la puberté sans qu'aucun de ces événements fût arrivé, il pouvait réclamer contre son adrogation obtenir de l'adrogeant son émancipation, et partant tous ses anciens droits en prouvant que cette adrogation ne lui était pas favorable. *Et, si pubes factus non expedire sibi in potestatem ejus redigi probaverit : æquum esse emancipari eum à patre adoptivo ; atque ita pristinum jus recuperari.*

Si l'adrogé ne réclamait pas contre son adrogation ou, ce qui revenait au même, si ses réclamations étaient mal fondées, il retombait alors, comme un simple adrogé pubère, sous l'empire du droit commun.

Pour faire révoquer les différentes aliénations consenties en fraude des droits de ceux au profit de qui les différentes restitutions devaient avoir lieu on leur accordait une action Favienne ou Calvisienne utile 1,13, *si quid in fraud. patr. D*).

Mais l'adrogé impubère n'était jamais admis à faire annuler le testament de l'adrogeant pour cause d'inofficiosité; puisque le privilége de la *quarte Antonine* lui enlevait le droit de recourir à la *querela inofficiosi testamenti* qu'on ne pouvait intenter qu'à défaut de tout autre moyen de droit pour arriver aux biens du défunt.

DEUXIÈME PARTIE

DROIT FRANÇAIS

DE

L'ADOPTION

ET DE LA

TUTELLE OFFICIEUSE

C. N. Liv. I. tit. VIII art. 343 à 370

INTRODUCTION

L'adoption est un acte solennel et juridique par lequel deux personnes créent entre elles certains rapports civils de paternité et de filiation.

La tutelle officieuse est l'acte par lequel quelqu'un s'engage à nourrir et à élever gratuitement un mineur. Cette tutelle a été introduite pour préparer et faciliter la tutelle.

La tutelle à peu près étrangère aux coutumes de l'époque franque où l'on n'en connaissait que le nom, ne fut plus tard admise dans aucune partie du territoire français, pas plus dans le midi que dans le nord de la France.

En effet, on ne trouve le caractère de l'adoption proprement dite, le caractère d'un acte de l'état civil produisant des rapports de paternité et de filiation.

Ni dans les quelques exemples d'adoption publique et d'association d'armes de l'ancienne époque.

Ni dans l'affiliation et l'affrérissement qui produisaient dans un petit nombre de coutumes quelques effets plus ou moins semblables à ceux de l'adoption.

Ni dans les fréquentes substitutions contractuelles et testamentaires faites sous la condition que le donataire ou l'héritier institué prendrait, en même temps que les biens, le nom et les armes du disposant.

Ce n'est que le 18 janvier 1792, qu'on voit pour la première fois l'assemblée ordonner à son comité de législation de comprendre l'adoption dans son plan général des lois civiles.

Plusieurs actes législatifs mentionnent bientôt l'adoption comme déjà presque existante; mais ses formes, ses conditions et ses effets ne furent définitivement réglés que onze ans plus tard : le 2 germinal an XI et promulgués le 12 du même mois (23 mars 2 avril 1803).

Le pays bien disposé alors à parcourir la voie des innovations et du progrès, commença à la pratiquer sur la foi de cette annonce, de cette promesse législative.

Plusieurs particuliers imitèrent l'exemple de la convention nationale, qui adopta, au nom de la Patrie, la fille de Michel Lepelletier, Saint-Fargeau, le 25 janvier 1793.

Et une loi transitoire, celle du 25 germinal an XI, se montra très-indulgente envers ces espèces d'adoptions faites depuis le 8 janvier 1792 jusqu'à sa promulgation. Pour toutes formes et conditions, elle se contenta uniquement de l'authenticité de l'acte, et elle valida, non-seulement celles des enfants naturels, mais encore des enfants adultérins.

Elle autorisa ceux qui avaient été adoptés en minorité à renoncer à l'adoption et accorda, à cet effet, un délai de trois mois à partir de la publication, ou à partir de la majorité des adoptés, survenue depuis la même époque.

L'adoption aurait pu devenir dangereuse pour la société et causer une grande perturbation dans l'organisation de la famille si l'on avait permis de continuer de la manière qu'on avait fait pendant les onze années. Cette loi maintint ces adoptions, dont les effets avaient été déterminés par un acte authentique ou par un jugement définitif et elle accorda à l'adoptant, si les droits de l'adopté étaient inférieurs à ceux accordés par le Code Napoléon, la faculté de les lui conférer au moyen d'une nouvelle adoption conformément aux règles de ce titre, mais sans autres conditions de la

part de l'adoptant que d'être sans descendants légitimes, d'avoir quinze ans de plus que l'adopté et, s'il
était marié, d'obtenir le consentement de son conjoint.
Et, à défaut d'acte authentique ou de jugement passé
en force de chose jugée, on appliquait les règles de
notre titre, seulement l'adoptant pouvait, dans le délai de six mois, par une déclaration devant le juge de
paix, réduire les droits de l'adopté au tiers des droits
d'un enfant légitime.

Le législateur de 1803 protégea l'adoption contre
les manœuvres de ceux qui voudraient en faire l'ins-
trument de leurs mauvaises passions, et l'a rendue
utile au pays en la restreignant dans une certaine
mesure, en la plaçant sous la garde des tribunaux.

Plusieurs conseillers d'État repoussèrent d'une
manière absolue, l'adoption qui leur paraissait inutile,
dangereuse et immorale, quelques-uns l'admirent
comme une mesure politique à titre de récompense nationale, que le corps législatif devait décerner aux
citoyens recommandables, aux citoyens qui auraient
rendu de grands services au pays.

Il y eut de graves dissidences parmi ceux qui la
proposèrent comme une institution privée, sur le caractère et les effets qu'il convenait de lui donner.

Lorsque le principe de l'adoption fut consacré,
les idées les plus diverses se produisirent. Les uns
voulaient n'y attacher que les rapports juridiques
entre l'adoptant et l'adopté sans qu'il s'en suivît aucun changement de famille.

D'autres voulaient faire introduire l'adoption du droit romain.

Le premier consul qui apporta jusque dans les travaux législatifs la logique de son génie universel et prévoyant, soutint d'abord énergiquement que l'adoption devait être une imitation parfaite de la nature.

Il exprima le désir que le père adoptif obtint la préférence sur le père naturel, non-seulement aux yeux de la loi positive, ce qui n'était pas très-grave ; mais aussi aux yeux de la loi de la nature, ce qui aurait été impossible.

Napoléon finit par reconnaître lui-même qu'il y avait là quelque chose d'étrange et de douloureux qui aurait choqué les mœurs de la France. Il abandonna la fausse théorie qu'il avait avec tant d'énergie défendue d'abord, lorsqu'on reprit la discussion du Code civil interrompue pendant onze mois.

Le projet de ce titre, dû à Berlier, après avoir subi de nombreux amendements et huit rédactions successives, fut décrété par le corps législatif le 2 germinal an XI, et promulgué le 12 du même mois. (23 mars, 2 avril 1803.

Le code reconnaît, sinon expressément, du moins implicitement, trois espèces d'adoptions : 1° L'adoption ordinaire ; 2° l'adoption rémunératoire ; 3° l'adoption testamentaire.

Nous consacrerons à chacune d'elles une section.

CHAPITRE PREMIER

DE L'ADOPTION

SECTION PREMIÈRE

De l'adoption ordinaire

Nous diviserons cette section en quatre paragraphes dans lesquels nous traiterons successivement des conditions requises pour adopter ou pour être adopté, des formes de l'adoption, de ses effets et enfin des causes de nullité.

I

Des conditions requises pour adopter ou être adopté.

Les conditions spécialement requises dans la personne de l'adoptant se trouvent dans les articles 343, 344, 345, 355 et sont au nombre de six.

L'adoptant doit être âgé de cinquante ans accomplis. Le législateur, par une sage précaution, n'a pas voulu faire de l'adoption une rivale dangereuse pour le mariage, et, par conséquent, pour la société, il n'accorde ses bienfaits qu'à ceux qui sont arrivés déjà à une époque de la vie où l'on n'a plus l'espérance d'avoir des enfants par le mariage, où l'on songe peu à se marier. La condition d'âge est la même pour les deux sexes.

Nous croyons que le motif sur lequel repose la condition d'âge aurait pu permettre au législateur de s'écarter du principe d'égalité entre l'homme et la femme s'il l'avait voulu.

Dans la crainte que l'adoption ne donne ouverture à des applications abusives, le Code Napoléon ne permet pas au chef de l'État d'accorder des dispenses d'âge pour l'adoption à ceux que des infirmités physiques rendent incapables d'avoir des enfants ou plutôt d'aspirer à se marier. Cette prudence du législateur français mérite des éloges auxquels le législateur prussien ne pourrait pas aspirer, en accordant cette prérogative au chef de son pays.

2° L'adoptant ne doit avoir à l'époque de l'adoption ni enfants, ni descendants légitimes.

L'adoption n'aurait plus de raisons d'être, si l'adoptant avait des enfants ou petits-enfants, et elle serait préjudiciable sans être utile à l'adoptant.

L'art. 343 ne défend l'adoption qu'aux personnes qui ont des enfants ou descendants légitimes et, par conséquent, nous pouvons en conclure qu'elle est permise : 1° à ceux qui ont un ou plusieurs enfants naturels ; car ceux-ci n'inspirant pas ordinairement à leurs auteurs les mêmes sentiments d'affection que les enfants légitimes inspirent aux

leurs, deviennent indignes de la sollicitude du législateur ; 2° à ceux qui ont un ou plusieurs enfants adoptifs ; mais ils ne peuvent pas, par le même contrat et
en même temps, en adopter plusieurs et il n'appartient qu'à la prudence des magistrats de restreindre,
nisi justa causa, le nombre des adoptions successives
et fréquentes ; 3° à ceux seulement, dont l'enfant
unique ou tous les enfants, déclarés absents, se trouvent dans la troisième période, lorsque tous leurs
droits, subordonnés à leurs décès, s'exercent par leurs
parents définitivement. Cette adoption serait dans tous
les cas définitive ; car s'il en était autrement, la loi
serait souvent la cause indirecte de la peine que cau-
serait volontairement et intentionnellement le descendant ingrat envers les auteurs de ses jours !

Avant la loi de 1854, ceux qui avaient un enfant
mort civilement pouvaient adopter d'une manière
définitive, parce que cet enfant n'existait plus dans sa
famille aux yeux de la loi et sa réintégration postérieure ne ferait que de l'assimiler à un enfant conçu
et né postérieurement à l'adoption.

Nous sommes de l'avis de ceux qui pensent que
l'enfant conçu à l'époque de l'adoption, c'est-à-dire
au moment où l'acte est reçu par le juge de paix compétent, rendrait nulle l'adoption si cet enfant venait à
naître vivant et viable, par application du principe :
« *infans conceptus pro nato habetur quoties de commo-
dis ejus agitur.* »

Les enfants légitimés doivent être assimilés aux enfants légitimes conçus. En d'autres termes, la conception des premiers est censée avoir eu lieu le jour du mariage qui les a légitimés. Leur existence est toujours antérieure au mariage, mais celle d'enfant légitimé ne l'est pas, et c'est la seule qui est prise en considération par la loi.

En un mot, les légitimés sont censés avoir été conçus le jour même de la célébration du mariage qui les a légitimés.

Les tribunaux sont compétents pour déterminer le moment de la conception de l'enfant légitime et par conséquent son existence, et ils annuleront ou maintiendront l'adoption suivant qu'elle est postérieure ou antérieure à l'époque de la conception de cet enfant.

3° L'adoptant doit avoir au moins quinze ans de plus que l'adopté. C'est un vestige du principe admis pendant quelque temps seulement par les jurisconsultes romains : *Adoptio imitatur naturam*. Il importe, en effet, que la fiction ne s'éloigne pas beaucoup de la nature pour que la protection légale résultant de l'adoption ne perde pas toute sa dignité...

4° L'adoptant marié doit obtenir le consentement de son conjoint sans distinguer si c'est le mari ou la femme, s'ils vivent sous le même toit ou s'ils sont séparés. Il est vrai que, dans ce dernier cas, il n'y a point à craindre de troubler le ménage, puisqu'il est déjà troublé ; mais il y aurait à craindre une recrudescence de haine, qui affaiblirait sensiblement la possibilité d'une réconciliation. Ajoutons qu'une pareille adoption aurait blessé notablement les intérêts pécuniaires de l'autre époux ; parce qu'elle aurait créé à la charge de l'adoptant une dette d'aliment, et à l'adopté des droits de succession pouvant réduire les droits de l'autre conjoint ou même l'exclure entièrement. Il n'y a d'exception à notre règle que dans le cas d'adoption testamentaire ; parce qu'elle n'a son effet qu'après la dissolution du mariage. Encore, cette exception n'a-t-elle pas toute la portée qu'on serait tenté de lui donner. En effet, la tutelle officieuse est un préliminaire nécessaire de l'adoption testamentaire, et la tutelle officieuse ne peut avoir lieu d'après l'art. 362 sans le consentement de l'un des conjoints en faveur de l'autre.

Il n'y aurait donc de véritable exception que dans le cas où la tutelle officieuse aurait commencé avant la célébration du mariage.

5° Il faut que l'adoptant ait fourni des secours et donné des soins non interrompus dans la minorité de celui qu'il se propose d'adopter et pendant six ans au moins. Si la loi a exigé certains sacrifices de la part de l'adoptant et une espèce de noviciat de celle de l'adopté, c'est pour leur épargner des repentirs tardifs, des regrets inutiles que la formation de ces liens indissolubles de ce contrat irrévocable leur aurait causés. L'adoption serait souvent l'effet d'une affection capricieuse ou d'un mécontentement plus ou moins passager de l'adoptant contre sa propre famille.

Les secours et les services de l'adoptant doivent être le résultat d'une libre bienfaisance ; ils sont l'auxiliaire, mais non la voie nécessairement préparatoire à l'adoption. Ainsi un tuteur qui aurait rempli les devoirs que la tutelle lui impose, pourrait être autorisé par les tribunaux à adopter son ex-pupille.

6. Il faut enfin que l'adoptant jouisse d'une bonne réputation. Les représentants de la loi, d'autant plus qu'ils ne sont pas tenus de motiver leur décision, peuvent garantir l'honneur de l'adoption et en éloigner toute pensée contraire à son but, en accordant ou en refusant ses bienfaits, suivant leur appréciation personnelle. Ils sont, pour ainsi dire, les jurés de cette juridiction gracieuse, quelquefois plus responsables de leur verdict que ne le sont les vrais jurés.

Nous venons d'énumérer les conditions requises pour l'adoptant ; passons maintenant à l'énumération des conditions exigées pour l'adopté et qui sont indépendantes de celles auxquelles la loi astreint l'adoptant. Elles sont au nombre de trois.

1° L'adopté doit être majeur, c'est-à-dire, âgé de vingt-un ans accomplis. Les premiers projets de notre titre portaient, au contraire, que le mineur seul pourrait être adopté et lui réservaient la faculté de renoncer à l'adoption dans les trois mois qui suivraient l'époque de sa majorité. Mais c'eût été porter atteinte à la fixité que requiert l'état des personnes et renoncer aux garanties de l'épreuve. Aussi cette idée, inspirée surtout par le désir de rattacher plus efficacement l'adopté à la famille adoptive, alors que l'adoption devait avoir pour effet de soustraire ce dernier à sa famille naturelle, a-t-elle été abandonnée avec le caractère absolu qu'on avait voulu originairement donner à cette institution. On n'aurait pas cru nécessaire d'autoriser les parents du mineur ni même ce dernier à aliéner sa liberté, à disposer irrévocablement de sa personne et de son état, comme l'on a cru devoir le faire pour le mineur qui se marie ; parce que le mariage est une institution nécessaire et fondamentale. Cette faculté imprimait à l'adoption un caractère résolutoire et de révocabilité et c'était pour la rendre indissoluble et irrévocable qu'on a exigé que l'adoption n'ait lieu qu'en faveur du majeur. Nous croyons que l'adopté pourrait, dans le cas de la perte de son acte de naissance, prouver son âge par un acte de notoriété dressé conformément aux articles 70 et 71 du C. N.

2° L'adopté, mineur de vingt-cinq ans accomplis, doit obtenir le consentement de son père et de sa mère ou du survivant d'eux. S'il est majeur de vingt-cinq ans, il ne doit requérir que leur conseil. C'est un hommage rendu par la loi au principe de la déférence qu'à tout âge les enfants doivent à leurs parents dans toutes les circonstances de la vie, surtout pour un acte qui intéresse profondément leur état, leur bonheur et même leur honneur.

Sauf le cas où l'un d'eux se trouve dans l'impossibilité de manifester sa volonté, le consentement des père et mère est, croyons-nous, exigé cumulativement. L'impossibilité où se trouvent les parents de l'adopté de donner leur consentement à l'adoption équivaut à leur décès.

Le fils et la fille mineurs de vingt-cinq ans sont tenus de demander préalablement le consentement de leurs parents. Ainsi dans les deux hypothèses qui précèdent la loi s'est montrée plus sévère pour l'adoption que pour le mariage ; parce qu'elle n'exige pas, pour ce dernier, cas le consentement cumulatif des parents, et la fille mineure de vingt-cinq ans peut se marier sans le consentement de ces derniers, pourvu qu'elle soit majeure.

La loi s'est montrée plus favorable au contraire dans les deux cas suivants :

Lorsque l'adopté n'a ni père ni mère, il n'a pas besoin du consentement de son aïeul pour se donner en adoption ; tandis qu'il en est différemment lorsqu'il s'agit de se marier.

Tandis que pour le mariage, le conseil des père et mère doit être demandé trois fois par le fils âgé de moins de trente ans, un seul acte respectueux lui suffit lorsqu'il veut se donner en adoption.

Lorsque celui qui veut se donner en adoption est une personne mariée, il faut distinguer entre le mari et la femme, le premier n'a pas besoin de demander le consentement de la seconde ; mais celle-ci a besoin du consentement du mari pour procéder à l'adoption ; parce que s'il en était autrement, le principe concernant le pouvoir marital en serait profondément atteint.

3° Il ne peut être adopté par plusieurs si ce n'est par deux époux, ou se donner plusieurs fois en adoption. Si l'on défend l'adoption d'un même individu par plusieurs personnes, c'est pour ne pas se mettre en contradiction trop ouverte avec le principe « *adoptio imitatur naturam* » et pour ne pas faire surgir entre les divers adoptants des conflits fâcheux et des rivalités regrettables.

Nous venons de parcourir les conditions expresses exigées par la loi pour l'adoption.

Mais il y en a d'autres sur lesquelles le législateur a cru superflu de s'expliquer bien qu'elles ne ressortent pas suffisamment des principes généraux du droit. La portée de ces principes a soulevé dans la doctrine et dans la jurisprudence les divergences d'opinions qui subsisteront longtemps aux détriments de la société et de la justice.

Les questions les plus controversées sont les suivantes : L'étranger peut-il adopter et être adopté ? Le prêtre catholique peut-il adopter ? L'interdit soit légal, soit judiciaire peut-il adopter ou être adopté ? L'enfant naturel peut-il être adopté par son père ou sa mère qui l'a reconnu ? Deux époux peuvent-ils être adoptés par la même personne ?

La question de savoir si un étranger peut adopter ou être adopté est très-controversée. Nous admettons l'opinion de ceux qui pensent que l'étranger ne peut ni adopter ni être adopté.

« L'adoption est un acte de l'état civil dont le but principal et essentiel est de créer entre deux individus des rapports purement civils de paternité et de filiation fictives et non une institution contractuelle.

« L'adoption dont nous nous occupons est une création du *jus proprium civitatis*, du droit civil Français qui est fait pour régler principalement les rapports des Français et accessoirement ceux de ces derniers avec les étrangers.

« Ceux-ci ne doivent avoir d'autres droits que ceux dont le bénéfice leur a été concédé expressément ou même tacitement.

« Et en ce qui concerne l'adoption nous n'en connaissons aucun. Quant à la distinction entre l'adoption active et l'adoption passive que quelques jurisconsultes admettent pour permettre l'une et défendre l'autre, elle est, selon nous, et non juridique et arbitraire.

« Bien que l'adoption ne soit pas aussi favorable que le mariage, nous pensons que l'interdit légal ou l'interdit judiciaire pendant un intervalle lucide, peut adopter ou être adopté; parce que l'adoption est une de ces facultés essentiellement personnelles qui ne peuvent être exercées par procureur.

« Il est admis par tout le monde que le prêtre catholique peut être adopté.

Ce qui fait la difficulté, c'est la question de savoir s'il peut lui-même adopter.

Pour nous qui admettons l'avis de ceux qui pensent que la prêtrise n'est pas un empêchement prohibitif au mariage, l'affirmative n'est pas douteuse.

Mais en admettant pour un moment que la prêtrise fût un empêchement prohibitif au mariage, nous admettrions encore la doctrine de ceux qui ne voient aucune incapacité d'adopter chez un prêtre catholique; parce que le droit civil, le droit canonique et l'évangile, (Évangile selon saint Jean chap. xix, vers. 26 et 27), qui est le code universel, n'interdisent pas au prêtre catholique de demander à la loi une paternité fictive. Quant à l'argument qui ressort du principe formulé par les jurisconsultes romains, il n'a aucune valeur en France. Aussi il suffit de dire que comme le législateur français, qui connaissait les dispositions de plusieurs législations étrangères défendant expressément aux prêtres catholiques d'adopter, n'en a consacré aucune, il a entendu tacitement permettre aux ecclésiastiques, l'adoption active.

Il aurait pu consacrer la disposition de l'art. 88 du Code sarde s'exprimant ainsi : « l'adoption est interdite aux ecclésiastiques, » l'art. 10 du Code bavarois portant : « il faut que l'adoptant puisse se marier, » les articles (179-182) du Code autrichien, qui ne permettent le droit d'adopter qu'à ceux qui n'ont pas fait vœu solennel de célibat, ou enfin les articles (661-671) du Code prussien qui ne permettent d'adopter qu'à ceux qui ne sont pas obligés au célibat.

Une autre question très-controversée et très-importante, tant au point de vue juridique et social que sous le rapport des intérêts qui s'y trouvent engagés est celle de savoir si un enfant naturel peut-être adopté par son père ou sa mère qui l'a reconnu. Nous nous prononçons en faveur de l'opinion de ceux qui croient que l'enfant naturel reconnu ne peut être adopté ni par son père ni par sa mère.

Une autre question controversée est celle de savoir si deux époux peuvent être adoptés par la même personne.

Nous nous prononçons pour l'affirmative, et cela par la raison qu'aucun texte ne défend cette espèce d'adoption, et que si le mariage est prohibé entre les enfants adoptifs, la même raison n'existe pas, lorsque ces enfants étaient déjà mariés avant d'entrer dans la famille adoptive.

II

Des formes de l'adoption ordinaire

Les formes de l'adoption ordinaire, ses solemnités extrinsèques sont au nombre de trois principales :

1° Le contrat reçu par le juge de paix renfermant le consentement respectif des parties.

2° L'homologation de ce contrat par le tribunal de première instance et par la cour impériale.

3° L'inscription de l'adoption sur les registres de l'état civivil.

1° La personne qui se propose d'adopter et celle

qui veut être adoptée doivent se présenter soit en personne, soit par mandataires munis d'une procuration
spéciale et authentique devant le juge de paix du
domicile de l'adoptant, et faire constater par lui leur
volonté à s'engager dans les liens de l'adoption.

Par l'accomplissement de cette première formalité,
qui est la base de l'adoption, les parties sont liées, en
ce sens, que l'une d'elle peut poursuivre l'adoption à
l'insu et même contre le gré de l'autre. Sans doute
son existence est conditionnelle ; mais si les autres
formalités nécessaires s'accomplissent, l'adoption datera légalement du jour même de la réception du contrat par le juge de paix.

Il résulte de ce principe, que c'est à ce moment
qu'il faut se placer pour examiner si les parties réunissent ou non les conditions requises pour la validité
de leur contrat. Le juge peut toujours refuser, en fait,
son homologation à cause des empêchements survenus depuis l'accomplissement de cette première formalité, d'autant plus qu'il lui est défendu de motiver
sa décision ; mais, en droit, pour arriver à la perfection de l'adoption, il n'est pas nécessaire que ces conditions continuent à exister.

Cependant il ne faut pas aller jusqu'à dire que le
contrat est déjà irrévocable, car si les parties intéressées veulent s'en départir d'un mutuel accord, elles le
pourront même après l'arrêt d'homologation et tant que
l'adoption n'a pas été inscrite sur le registre de l'état
civil.

Les parties doivent se *présenter*, dit l'art : 353, devant le juge de paix du domicile de l'adoptant. Malgré la controverse soulevée par certains auteurs, nous n'hésitons pas à admettre que les parties peuvent se faire représenter par un fondé de pouvoir. Notre texte n'est pas assez explicite pour en tirer une dérogation à la règle générale de l'art. 1984 et priver ainsi les parties d'une faculté souvent très-précieuse.

Il est vrai qu'en matière de mariage le contraire est généralement admis, mais cela se justifie par l'importance exceptionnelle et les solemnités toutes spéciales du mariage.

La loi exige que notre contrat soit passé devant le juge de paix du domicile de *l'adoptant*. Il est, en effet, convenable que l'adopté aille par déférence trouver celui qui doit bientôt lui tenir place de père et qui depuis plusieurs années l'a comblé de ses bienfaits.

Le juge de paix, chargé seulement de recevoir l'acte constatant le consentement des parties ne peut point contrôler, vérifier la validité de l'adoption. Sans parler des autres inconvénients qui en résulteraient, la loi, ayant donné cette mission à un autre pouvoir, aurait fait double emploi si elle l'avait donné aussi au juge de paix.

L'adoption n'a jamais été considérée comme un contrat ordinaire, auquel puisse suffire le seul consentement des parties, mais toujours comme un acte très-important, un acte de la vie civile, créant des

189

rapports de parenté, des droits de succession. Aussi l'a-t-on toujours soumise sous la garde et la surveillance d'un pouvoir public.

Les rédacteurs du Code voulaient d'abord investir le pouvoir législatif du droit de prononcer les adoptions, afin d'imprimer à cet acte un caractère plus solennel et plus pur. Cette théorie était en parfaite harmonie avec l'idée erronée qu'on avait eue pendant un moment de croire que l'adoption devait être une imitation parfaite de la nature. Mais on ne tarda pas à reconnaître qu'un pareil système serait impraticable et à se décider avec plus de raison, à confier à l'autorité judiciaire cette grave mission. C'est elle qui doit examiner si toutes les conditions sont remplies, et de sanctionner au nom de la société la convention des parties ainsi arrêtée devant le juge de paix.

La procédure toute spéciale que le C. N., a organisée à cet effet est la suivante. Une expédition de l'acte passé devant le juge de paix, sera remise dans les dix jours suivants par la partie la plus diligeante au procureur impérial près le tribunal de première instance, dans le ressort duquel se trouvera le domicile de l'adoptant, pour être soumis à l'homologation de ce tribunal (354). La loi désigne ce tribunal comme le plus compétent et le mieux à même de recueillir des renseignements sur la conduite et la moralité de l'adoptant. Dans la pratique cette remise se fait habituellement par requête adressée au président, auquel on communique aussi tous les documents relatifs à l'adoption. Cette manière de procéder n'est pas conforme au texte de la loi ; mais, comme elle remplit parfaitement son but, elle est tolérée.

C'est dans la chambre du conseil, que le tribunal examine les pièces et vérifie si les conditions requises existent, que le procureur impérial est entendu, enfin qu'est rendu le jugement du tribunal de première instance et aussi l'arrêt de la cour, toutes les fois qu'il n'admet pas l'adoption.

La prononciation en audience publique d'un arrêt qui déclare qu'il n'y a pas lieu à l'adoption, serait un cas de nullité.

Aucune enquête, aucune écriture, aucune formalité judiciaire. La loi s'en remet à la prudence et à la sagacité des magistrats, qui doivent se procurer des renseignements et s'éclairer officieusement par leurs investigations individuelles.

Si le législateur défend au juge de s'éclairer autrement que par des investigations secrètes et individuelles, de s'instruire et de discuter publiquement l'admissibilité ou non de l'adoption et, enfin, de motiver le jugement d'adoption ou de rejet, c'est parce qu'il a voulu empêcher que le rejet possible de l'adoption ne devint pour la personne à qui le projet n'a été inspiré que par une pensée généreuse et louable une cause d'humiliation, de honte et de déconsidération morale. Il n'a pas perdu de vue que par cette procédure exceptionnelle et sage, il garantirait au juge une pleine liberté, une indépendance complète dans ces affaires délicates.

Enfin, après avoir entendu le procureur impérial et sans aucune autre forme de procédure, le tribunal prononcera, sans énoncer de motifs, en ces termes : « *Il y a lieu, ou il n'y a pas lieu à l'adoption.* » (356.)

Dans le mois qui suivra le jugement du tribunal de première instance, ce jugement sera, sur la poursuite de la partie la plus diligente, soumis à la cour impériale qui instruira dans les mêmes formes que le tribunal de première instance, et prononcera, sans énoncer de motifs : *Le jugement est confirmé ou Le jugement est réformé ; en conséquence, il y a lieu, ou il n'y a pas lieu à l'adoption.*

Bien que la loi garde le silence sur la manière dont on saisit la cour, nous croyons qu'il faut y suivre le même mode de procéder qu'en première instance. On remet les pièces au procureur général, si l'on s'en tient au texte de l'art. 354, ou au premier président par ministère d'avoué, si l'on s'en tient à la pratique.

Remarquons que le mot *jugement* employé par la loi n'est pas tout à fait propre, car, dans notre espèce, il n'y a point de différend, point de procès entre les parties.

L'homologation ou le refus d'homologation n'est qu'un acte de juridiction gracieuse.

Nous n'admettons pas l'opinion de ceux qui pensent que si une expédition de l'acte d'adoption n'a pas été remise, soit au tribunal de première instance, dans

le délai de dix jours (art. 354), soit à la cour impériale dans le mois, cet acte doit de plein droit être réputé comme n'ayant jamais eu d'existence.

Les magistrats, croyons-nous, peuvent homologuer
une adoption, même dans le cas où une remise tardive
de l'expédition aurait eu lieu, lorsque les causes de ce
retard leur paraîtront légitimes et sérieuses.

Le jugement du tribunal de première instance peut
être, dans tous les cas, déféré à la cour impériale soit
qu'il ait rejeté, soit qu'il ait admis l'adoption.

L'arrêt de la cour impériale n'étant pas motivé,
ne pourra pas être attaqué par voie de recours en cassation. En effet, en l'absence de motifs, comment la
cour de cassation pourrait dire que la loi a été violée?
Elle ignore en outre si la cour impériale ne s'est pas
décidée à rejeter l'adoption par des considérations de
fait, dont cette dernière a l'appréciation suprême.

Mais si l'arrêt qui a rejeté l'adoption avait violé les
formes requises pour la validité des jugements, il
pourrait être attaqué par cette voie extraordinaire.

L'instruction secrète qui a lieu devant le tribunal
de première instance aura lieu aussi devant la Cour
Impériale, et son arrêt, en cas de rejet, ne contiendra
aucune énonciation de motifs. Mais le principe de la
publicité, due aux décisions des tribunaux, reprendrait
son empire si l'adoption était admise; et son arrêt
serait prononcé à l'audience et affiché en tels lieux et
tel nombre d'exemplaires que la Cour le jugerait convenable.

L'adoption est donc soumise à une double vérifica-
tion judiciaire, l'une devant le tribunal de première
instance, l'autre devant la Cour Impériale. Mais il n'est
pas nécessaire que l'adoption reçoive une double homologation. Celle de la Cour est indispensable, et sa
décision est souveraine, quel que soit le parti qu'elle
prenne, sauf, comme nous venons de le dire, le cas
où l'arrêt, rejetant l'adoption, aurait violé les formes
requises pour la validité des jugements en matière
civile.

Ainsi l'adoption rejetée en première instance peut
être admise par la Cour, et à l'inverse, l'adoption admise
par le tribunal de première instance peut être repous-
sée par la Cour Impériale.

Cette interprétation corroborée par les dispositions
contenues dans l'un des projets auxquels notre titre a
donné lieu, dans ses articles 25 et suivants, corres-
pondant aux art. 356, 357, 358, du Code Napoléon n'a jamais fait le moindre doute dans la pratique.

3° Dans les trois mois, dit l'art. 359, qui suivront
ce jugement, l'adoption sera inscrite, à la réquisition
de l'une ou de l'autre des parties, sur le registre de
l'état civil du lieu où l'adoptant sera domicilié. Cette
inscription n'aura lieu que sur le vu d'une expédition,
en forme, du jugement de la Cour Impériale ; et
l'adoption restera sans effet si elle n'a été inscrite
dans ce délai.

Cette espèce de naissance civile, cette adoption prononcée par la Cour Impériale, doit être inscrite sur le registre des actes de naissance.

L'art. 359 ne nous dit pas en détail comment cette inscription doit être faite par l'officier de l'état civil, mais il résulte de son esprit que l'officier de l'état civil doit se borner à rédiger l'inscription de l'adoption sans prononcer aucune parole sacramentale. Par conséquent, nous devons considérer comme inexact le modèle d'inscription en exécution d'un avis du Conseil d'État en date du 12 thermidor an XII (31 juillet 1804) que le gouvernement, pour suppléer à cette lacune, crut devoir adresser aux officiers de l'état civil, parce que, d'après cette formule, les deux parties devraient être présentes et l'officier de l'état civil prononcerait entre elles l'adoption au nom de la loi, à peu près comme il fait en célébrant un mariage.

Si nous ne nous trompons pas, l'officier de l'État civil doit : 1° dresser un procès-verbal qui relate la base de l'adoption, c'est-à-dire le contrat passé devant le juge de paix du domicile de l'adoptant, et l'arrêt d'homologation de la Cour Impériale, car c'est sur le vu de cet arrêt que l'inscription doit avoir lieu ; 2° constater la réquisition à lui faite, puisque c'est seulement d'après elle que l'adoption peut être inscrite ; 3° par mesure de précaution et de prudence, exiger la signature de la partie requérante, ou faire mention de la cause qui l'empêche de signer, et enfin la présence de deux témoins.

L'inscription doit être prise dans les trois mois à

dater de l'arrêt et sur le registre de l'État civil du domicile de l'adoptant. Toute inscription de l'adoption prise après ce délai ou sur le registre de l'État civil d'un autre lieu serait non avenue et par conséquent l'adoption serait nulle.

Nous avons vu déjà que les parties peuvent, par un commun accord, annuler le contrat qu'elles ont forrmé soit expressément, soit tacitement, en laissant, pa exemple, passer le délai accordé pour l'inscription de l'adoption.

L'adoption n'est donc parfaite que par l'accomplissement de toutes les formalités que nous venons d'exposer.

Nous avons dit que pour la formation du contrat d'adoption, il suffit que les conditions requises, soit dans la personne de l'adoptant, soit dans celle de l'adopté, existent au moment où le contrat est reçu par le juge de paix compétent.

Qu'adviendrait-il si une ou plusieurs des conditions requises pour la validité de l'adoption venait à défaillir dans l'intervalle entre le contrat reçu par le juge de paix et l'inscription de l'adoption? Le législateur ne s'est prononcé que dans un cas, celui de la mort de l'adoptant. Si l'adoptant, dit l'art. 360, venait à mourir après que l'acte constatant la volonté de former le contrat d'adoption a été reçu par le juge de paix et porté devant les tribunaux, et avant que ceux-ci eussent définitivement prononcé, l'instruction sera continuée et l'adoption admise, s'il y a lieu.

La mort de l'adopté pendant l'instruction, rendrait, en principe, l'adoption inutile et elle ne pourrait pas être homologuée, ni en faveur de ses propres enfants, qui, selon nous, ne peuvent pas représenter leur père dans la succession de l'adoptant, ni, à plus forte raison, en faveur de ses autres héritiers.

Il est également certain que les parties dont la demande à fin d'adoption aurait été rejetée, peuvent la renouveler, soit devant les mêmes magistrats, soit devant d'autres, si l'adoptant a changé de domicile, sans qu'on puisse leur opposer l'autorité de la chose jugée. D'abord parce que la première décision n'est pas un jugement proprement dit, mais un acte de juridiction gracieuse. Ensuite on ne connaît pas la cause qui a déterminé le juge à rejeter l'adoption, puisqu'il lui est défendu de motiver sa décision. Il se peut que la cause qui empêche l'adoption soit permanente ou que, du moins, elle dure encore, comme il se peut qu'elle fût temporaire ou qu'il n'y en ait point du tout ; et il serait injuste de ne pas autoriser le renouvellement d'une demande à fin d'adoption.

Il est donc bien certain que la mort de l'adoptant, survenue antérieurement à l'homologation, n'est d'aucune influence sur le sort de l'adoption et, bien que la loi semble exiger que la vie de l'adoptant se prolonge jusqu'à la remise de l'expédition au procureur impérial ou au président du tribunal, nous ne croyons pas que par les mots : *et porté devant les tribunaux,* le législateur ait voulu faire de cette circonstance une condition nécessaire.

L'adoptant, en donnant son consentement à une adoption contractuelle, déjà parfaite et irrévocable, a fait les démarches qui doivent avoir la même force que son vœu testamentaire.

Il n'a pas besoin, certes, pour en montrer l'équivalent, de faire au procureur impérial ou au président du tribunal la remise de l'acte qui aurait pu être faite par l'adopté seulement.

Aussi l'expression ci-dessus mentionnée ajoutée à la rédaction première de l'art. 360, sans qu'aucune explication en eût été fournie, ne pourrait être considérée que comme une simple énonciation qui n'a rien de conditionnel ; parce que son rédacteur s'est placé au point de vue de la pratique et a oublié que le décès de l'adoptant pourrait avoir lieu dans le bref délai de dix jours.

III

Des effets de l'adoption

L'adoption définitivement consommée par l'inscription est indissoluble et irrévocable. Il en était autrement en droit romain où l'émancipation fournissait un moyen facile de rompre les liens formés par l'adoption. Il est vrai que le Code prussien, duquel se sont inspirés les rédacteurs du Code dans cette matière, en autorise la dissolution. Mais il ne faut pas conclure, comme fait Toullier, que, même en France, l'adoption doit être soumise à la règle ordinaire de tous les contrats qui peuvent être dissous de la même manière qu'ils ont été formés, parce que la loi ne l'a point exceptée.

En effet, l'adoption n'est pas un contrat ordinaire. Elle en diffère notablement dans sa formation et dans la nature de ses effets. Elle est un contrat de droit public, ou plutôt un acte de l'état civil homologué par le pouvoir judiciaire qu'aucun texte n'autorise à homologuer la révocation d'une adoption qui crée des rapports de paternité et de filiation dont le caractère est de ne pouvoir plus être réformé, à moins que la loi n'en autorise formellement et exceptionnellement la révocation ; elle ne pourrait pas être subordonnée à des conditions ou charges, dont l'exécution aurait pour résultat de la rendre révocable.

La survenance d'un enfant à l'adoptant, et l'ingratitude de l'adopté ne sauraient entraîner la révocation de l'adoption, seulement, dans ce dernier cas, l'adopté pourrait être bien entendu, comme tout autre héritier déclaré indigne de succéder à l'adoptant.

Les discussions préparatoires prouvent, d'ailleurs, d'une manière évidente, que l'intention bien arrêtée des auteurs du Code était de rendre l'adoption indissoluble et irrévocable, et c'est même pourquoi ils n'ont pas permis l'adoption d'un mineur.

L'adoption, en France, n'est qu'une imitation imparfaite de la nature ; ses effets se résument en trois propositions principales :

1° L'adopté reste dans sa famille naturelle, et y conserve tous ses droits et tous ses devoirs. De cette manière, dit Grenier, la voix du sang ne sera jamais étouffée par celle de l'intérêt et les droits sacrés qui appartiennent à ceux dont on a reçu le jour, seront toujours les premiers dans l'ordre de la loi comme ils le sont dans l'ordre de la nature.

L'adoption, en d'autres termes, ne change, n'altère pas les rapports de l'adopté avec sa famille naturelle ; par conséquent, pour contracter mariage, il doit toujours demander le consentement de ces ascendants, conformément aux art. 148 et suivants.

L'obligation alimentaire demeure intacte entre lui et les personnes de sa famille qui sont tenues d'acquitter cette dette sacrée. Enfin, les droits de successibilité réciproque ne reçoivent aucune atteinte, aucune modification.

Or, si nous supposons, par exemple, qu'un oncle ayant adopté un de ses neveux, meure laissant un testament par lequel il lègue la quotité disponible à ses neveux et nièces, nous devons décider que le testateur n'a pas compris, dans cette disposition, dans cette dénomination son fils adoptif, son ex-neveux, pour ainsi dire, à qui il laissait, en mourant, la moitié de sa fortune.

2° L'adopté n'entre pas dans la famille de l'adoptant. L'adoption est un contrat dont la nature est de ne créer pas plus d'effet sous ce rapport, que la reconnaissance d'un enfant naturel.

De ne créer, par conséquent, que des rapports juridiques entre les deux parties qui y figurent. Il n'était pas possible de permettre à l'adoptant de créer aucun lien de parenté entre les membres de sa famille et l'adopté, de créer entre eux l'obligation alimentaire, des droits de succession, etc. En cas même du prédécès de l'adoptant, l'adopté ne pourrait pas venir par représentation à la succession de celui-là, parce qu'il n'aurait pas une vocation propre et personnelle.

Réciproquement, l'adoptant reste étranger aux parents de l'adopté et *a fortiori* les membres des deux familles. Toutefois, bien que l'adoption ne fasse pas naître des rapports juridiques entre l'adopté et les parents de l'adoptant et réciproquement entre celui-ci et les parents de l'adopté, l'art. 348 crée des empêchements au mariage entre l'adoptant, l'adopté et ses descendants, entre les enfants adoptifs du même individu, entre l'adopté et les enfants qui pourraient survenir à l'adoptant entre l'adoptant et le conjoint de l'adopté, et réciproquement entre l'adopté et le conjoint de l'adoptant. Ces empêchements, ces prohibitions ne reposent sur aucun degré de parenté, mais sur des convenances, sur des motifs d'honnêteté publique et sur une sorte d'affinité morale.

Le législateur a cru nécessaire, pour maintenir la pureté des relations de la famille, d'enlever l'espoir de mariage aux personnes qui souvent habitent sous le même toit.

Mais le mariage reste permis entre l'adoptant et l'enfant adoptif de l'adopté, entre les conjoints de l'adoptant et de l'adopté ; entre les enfants de l'un et de l'autre ; entre l'adopté et les ascendants de l'adoptant, enfin, entre le conjoint de ce dernier et tout enfant de l'adopté et réciproquement.

La jurisprudence de la Cour de cassation qui reconnaît une alliance, du moins entre l'adoptant et le conjoint de l'adopté ; nous paraît très-contestable, parce que l'adopté reste dans sa famille naturelle, parce que si la loi prohibe le mariage entre les personnes comprises dans l'art. 348, c'est pour protéger les mœurs de la famille et empêcher que l'espoir d'un mariage ne favorise des désordres faciles. Cette affinité morale produite par l'adoption a suffi pour admettre des empêchements au mariage, mais non pour établir des liens de parenté entre l'adopté et les parents de l'adoptant, ni entre celui-ci et les parents de l'adopté.

Toutefois, des jurisconsultes éminents admettent dans ce dernier cas une exception. D'après un premier système, les descendants légitimes de l'adopté deviennent civilement les descendants de l'adoptant, et par conséquent, l'obligation existerait entre eux et l'ascendant adoptif. A la mort de celui-ci, les petits-fils adoptifs pourraient venir à sa succession, soit de leur propre chef, en cas de renonciation ou d'indignité, soit par voie de représentation en cas de prédécès de l'adopté. D'après un second système défendu par Merlin, il faut distinguer entre les enfants de l'adopté nés avant l'adoption et ceux qui sont nés depuis. Ceux-ci sont civilement parents de l'adoptant, partant entre eux seuls et ce dernier existent l'obligation alimentaire et le droit de succession.

Nous croyons que les rédacteurs du Code Napoléon ont voulu faire de l'adoption un contrat de bienfaisance personnelle, entre l'adoptant et l'adopté, créant entr'eux des rapports incomplets de paternité et de filiation, et qu'il est impossible, en l'absence de textes positifs, d'intervertir l'ordre légal de succession, même en supposant qu'ils aient eu l'intention d'étendre les effets de l'adoption à l'égard des enfants de l'adopté et de les attacher à l'adoptant par un lien juridique.

3° Examinons, par conséquent, les effets que l'adoption produit entre l'adoptant et l'adopté, non-seulement de leur vivant, mais encore après la mort de l'un des deux.

A

Du vivant de l'adoptant et de l'adopté.

Le Code Napoléon, art. 347, 348, 349, détermine expressément trois effets de l'adoption : 1° transmission de nom ; 2° empêchement de mariage; 3° obligation alimentaire.

1° Le nom qui est le signe de la paternité et de la filiation fictives est quelquefois le mobile déterminant de ce contrat, en général bienfaiteur, parce que l'adoptant trouve une certaine satisfaction, partant une certaine récompense pour ses grands sacrifices.

2° L'empêchement de mariage qui existe entre l'adoptant et l'adopté est, comme nous l'avons dit ci-dessus, un empêchement simplement prohibitif, parce qu'en matière de mariage il n'y a pas de nullités virtuelles. En effet, l'art. 348, le seul qui prohibe le mariage entre l'adoptant et l'adopté, n'accorde aucune action en nullité en cas de violation, et l'art. 184 n'ouvre d'action pour cause d'inceste qu'en cas de violation des prohibitions établies par les art. 161, 162, 163 et non pour celles de l'art. 348. On ne peut donc pas étendre l'art. 184 à moins qu'on ne veuille étendre son texte ou fausser son esprit. *Pœnalia non sunt extendenda.*

3° Il est hors de doute, selon nous, que l'obligation alimentaire existe entre l'adopté et tous ses ascendants légitimes, parce que l'adopté n'est pas sorti de sa famille naturelle. Si l'art. 349 ne parle que du père et de la mère naturels de l'adopté, c'est à cause de l'assimilation que le législateur a voulu faire entre les père et mère naturels et les père et mère adoptifs. Ainsi l'adopté doit des aliments à son père adoptif, conjointement avec les autres enfants soit légitimes, soit adoptifs de l'adoptant et avant les ascendants de celui-ci. A l'inverse, l'adoptant doit des aliments à l'adopté après ses descendants légitimes de celui-ci et conjointement avec les ascendants. Le silence de la loi nous autorise à dire que l'adopté n'est jamais tenu,

pour se marier de demander le consentement ou le
conseil de l'adoptant, même lorsque ses ascendants naturels sontmorts ou incapables de le lui donner. Toutefois, comme l'adoption établit entre l'adoptant et
l'adopté quelques rapports imparfaits, nous devons
dire que les prohibitions, les présomptions, les
incapacités fondées sur l'ordre de sentiments et de
devoirs qui accompagnent la paternité et la filiation,
sur le respect, sur l'influence réciproque, sur la communauté de pensées et d'intérêts, toutes ces dispositions qui sont contenues dans les différents Codes
sont applicables entre l'adoptant et l'adopté.

B

Après la mort de l'adoptant ou de l'adopté

L'adopté, nous dit l'art. 350 aura dans la succession de l'adoptant les mêmes droits qu'y aurait l'enfant né en mariage, même quand il y aurait d'autres
enfants de cette dernière qualité depuis l'adoption.

Ainsi l'adopté étant assimilé à l'enfant légitime
exclut non-seulement tous les parents collatéraux de
l'adoptant, mais même ses père et mère ou autres
ascendants, qui ne peuvent alors avoir aucune réserve, parce qu'ils ne sont pas héritiers en présence de
l'adopté.

Lorsque l'adopté vient en concours avec d'autres
enfants soit légitimes, soit adoptifs, soit naturels, il
prend toujours la part qu'il aurait eue s'il avait été
légitime.

189

L'adopté a droit à une réserve dans la succession de l'adoptant.

Cette réserve est selon nous de tous points semblable à celle de l'enfant né en mariage.

Mais d'après une seconde opinion la réserve de l'adopté ne se calculerait que sur les biens légués par testament.

Elle se base sur l'art. 350 qui n'accorde, dit-on, à l'adopté de droits que *sur la succession* de l'adoptant; or les biens donnés entre-vifs par celui-ci soit avant, soit même depuis l'adoption, sont irrévocablement sortis de son patrimoine, il ne sont plus dans la succession. On ajoute même que, comme l'adoption est irrévocable, la loi a voulu sans doute laisser à l'adoptant la faculté de faire des donations entre-vifs afin de punir la mauvaise conduite et l'ingratitude de l'adopté.

D'après une troisième opinion la réserve ne se calculerait que sur les biens légués, ensemble les biens donnés postérieurement à l'adoption. On aurait, selon elle, laissé à l'adoptant la faculté de révoquer ou de diminuer par son fait personnel les droits qu'il aurait concédés à des tiers.

Et, considérant l'adoption comme une donation, on dit que l'adoption comme la donation ne pourrait pas altérer les donations antérieures, que l'adoption révoquerait au moins en partie ces donations et qu'enfin la fraude serait fort à craindre, car il serait facile au donateur de porter atteinte aux libéralités qu'il aurait faites et à l'adopté d'avoir la faculté de réclamer des droits sur lesquels il ne pourrait pas compter ses espérances, et ce serait une action odieuse, que celle par laquelle il se ferait une arme du bienfait dont il aurait été l'objet pour troubler ceux qui, avant lui, auraient aussi reçu des libéralités de l'adoptant.

Nous pensons que cette opinion est conforme à l'équité ; mais qu'elle est contraire aux principes du droit positif du Code Napoléon qui a déterminé les règles concernant la formation de la masse des biens, la computation de la réserve et de la quotité disponible et enfin la réduction des libéralités excessives, car il n'a admis aucune distinction, il n'a apporté aucun amendement à la réserve, qui est la même que pour les enfants légitimes, parce qu'il n'y a qu'une seule réserve, une espèce de réserve et non deux, il faut donc ou la lui donner entière ou la lui refuser, et ce serait agir en législateur que d'altérer la réserve , parce que c'est un adopté qui l'exerce.

L'adopté a droit a la réserve spéciale que l'art. 1089 a établie en faveur de l'enfant né en mariage, parce que l'art 350 accorde à l'adopté sur la succession de l'adoptant les mêmes droits qu'y aurait l'enfant né en mariage.

Mais nous ne devons pas étendre l'art. 960 au cas d'adoption c'est-à-dire que les donations qui ont été faites par l'adoptant antérieurement à l'adoption ne sont pas révoquées comme elles le seraient par la survenance d'un enfant légitime du donateur même d'un

posthume ou par la légitimation d'un enfant naturel par
mariage subséquent, s'il était né depuis la donation.
La même doctrine a été suivie en droit romain.

L'adopté serait pourtant admis à prendre sa part
dans la succession de l'adoptant, sur le bien donné,
comme sur tous les autres si, à cause de la survenance
d'un enfant né en mariage, la donation de ce bien était
révoquée.

L'adopté par sa présence fait obstacle à l'exercice
du droit de retour légal, parce que cette succession
anomale ne s'ouvre au profit de l'ascendant donataire
que lorsque ce dernier n'a pas disposé des biens donnés, et on ne peut pas dire que le donataire en adoptant un individu n'a pas entendu disposer de sa fortune, mais il ne fait aucun obstacle à l'exercice du
droit de retour conventionnel; supposons par exemple
que le donateur stipule une véritable condition résolutoire subordonnée à un événement défini et certain,
au cas où le donateur prédécéderait sans enfant, si le
donataire adoptait quelqu'un, l'adopté n'apporterait
aucun empêchement à l'exercice du retour conventionnel.

En cas de prédécès de l'adopté, l'adoptant n'est pas
appelé à sa succession, du moins en ce qui concerne
les biens qui ne proviennent pas de l'adoptant. Le droit
de successibilité *ab intestat* n'est pas réciproque et cela
parce que l'adoption a lieu dans l'intérêt de l'adopté
et nullement dans celui de l'adoptant.

Il ne le serait pas même dans le cas où l'adopté

serait décédé sans laisser aucun héritier légitime ni testamentaire. La succession de l'adopté appartiendrait alors à l'État. L'art. 768 attribue sa succession soit aux parents de l'adopté soit à l'État; or, comme il n'y en a point c'est l'État; c'est lui qui doit exclure l'adoptant.

Mais la loi accorde à l'adoptant et même à ses descendants un droit de succession à ceux des biens de l'adopté, qui proviendraient de l'adoptant et qui existent en nature dans la succession de l'adopté.

Lorsque l'adopté est mort sans descendants légitimes ou adoptifs, l'adoptant ou ses descendants, s'il est prédécédé, recueillent alors les choses par lui données.

Un autre enfant de l'adoptant pourrait également recueillir les biens donnés par le premier à l'adopté.

Si l'adopté prédécède, laissant des descendants légitimes, l'adoptant seul succède aux biens qu'il avait donnés à l'adopté si tous lui prédécèdent.

Ce droit de retour légal est un droit de succession, et régi par les mêmes règles, en général, qui gouvernent les successions *ab intestat* v. g., il s'ouvre en même temps que la succession, on doit être capable et non indigne pour l'exercer et on n'y peut renoncer d'avance.

Disons en finissant notre paragraphe que l'adoptant et, à son défaut, ses descendants ne recueillent les choses qui proviennent de l'adoptant qu'autant qu'elles *existeraient en nature*. Mais nous sommes parfaitement d'accord avec ceux qui pensent que la situation de l'adoptant ou des descendants, est tout à fait identique à celle que les articles 747, 766 établissent, c'est-à-dire, qu'ils ont droit tout ensemble et aux actions en reprise et au prix encore dû : parce que ces actions doivent être considérées comme représentant les choses données.

IV

Des causes de nullité de l'adoption

L'adoption est une institution du droit positif, une création du législateur humain qui ne peut exister légalement qu'avec le concours et l'accomplissement de certaines conditions essentielles à son existence.

Lorsqu'il manque une de ces conditions essentielles, l'acte ne peut produire aucun effet civil, et toute personne intéressée peut en tout temps soutenir soit par voie d'action, soit par voie d'exception, qu'il n'y a point d'adoption.

Ainsi l'adoption ou plutôt l'acte reçu par le juge de paix est réputé non avenu lorsqu'il y a eu absence totale de consentement de la part de l'une ou de l'autre des parties. Lorsque ce prétendu contrat d'adoption, auquel les parties ont donné leur consentement mutuel, n'a pas été reçu par un juge de paix, ou lorsqu'il n'a pas été soumis à l'approbation d'un tribunal de première instance ou à l'homologation d'une Cour impériale.

Enfin, lorsque cet acte n'a pas été inscrit sur les registres de l'état civil dans les trois mois qui ont suivi l'arrêt de la Cour impériale.

Mais l'adoption qui réunit toutes les conditions sus-mentionnées devient un acte irréformable, un acte dont personne n'a le droit de demander l'annulation :

Ni en raison de l'absence de l'une ou de l'autre des conditions requises soit dans la personne de l'adoptant, soit dans celle de l'adopté.

Ni pour l'inobservation des règles de compétence requises pour la validité de l'un ou de l'autre des actes nécessaires à la perfection de l'adoption.

Il ne peut, en effet, y avoir aucun recours soit ordinaire soit extraordinaire contre un acte de l'autorité publique qui a créé, qui a constitué pour l'avenir, l'état d'une personne.

SECTION II

De l'adoption rémunératoire ou privilégiée

I

Des conditions requises pour l'adoption dite rémunératoire ou privilégiée

La première condition exigée par la loi pour cette espèce d'adoption, c'est que la personne qui va être adoptée ait sauvé la vie de l'adoptant au péril de la sienne dans des circonstances propres à signaler un grand dévouement, par exemple en venant à son secours au combat ou en le retirant des flammes ou des flots. Une action aussi belle appelle une grande récompense. On appelle cette espèce d'adoption rémunératoire, car elle a pour but de récompenser une grande action ; ou privilégiée, car elle est dispensée de plusieurs des conditions de l'adoption ordinaire.

Certes, une si belle action qui a sauvé la vie à l'adoptant mérite une grande récompense de sa part, et le législateur a cru de son devoir, parce qu'il était moral et exemplaire, de favoriser la manifestation de la reconnaissance qu'a fait naître dans le cœur de l'adoptant la bonne action de l'adopté.

Aussi ne pouvons-nous pas admettre l'opinion de ceux qui croient que l'article 345 est tout-à-fait limitatif. Le législateur n'a point voulu énumérer le nombre de bonnes actions qui mériteraient de sa part de grandes concessions ; il s'est borné à dire qu'il serait prêt à favoriser la manifestation de la reconnaissance de celui à qui on a sauvé la vie.

Aussi il s'est contenté d'exiger de la part de l'adoptant :

1° Qu'il soit plus âgé que l'adopté, ne fût-ce que d'un seul jour. C'est un vestige et un semblant de respect à la maxime *adoptio imitatur naturam*.

2° Qu'il soit majeur. Car un mineur ne saurait pas

être habile à procéder à la formation d'un contrat irrévocable, dont il ne serait pas, en général, en état de comprendre la portée.

3° Qu'il n'ait pas d'enfants ni de descendants légitimes.

4° Qu'il ait obtenu, s'il est marié, le consentement de son conjoint. La paix du ménage doit occuper le premier rang et primer les devoirs de la reconnaissance.

Toutes les autres conditions de l'adoption ordinaire doivent exister pour cette adoption privilégiée, parce qu'aucun texte ne l'en dispense. Ainsi, l'adopté doit être majeur, obtenir le consentement de ses parents, ne pas avoir été adopté par un autre.

Mais l'adoptant n'a pas besoin de montrer préalablement qu'il a donné à l'adopté quelques soins ou secours, lorsque celui-ci était mineur.

SECTION III

De l'adoption testamentaire

I

Des conditions requises pour l'adoption testamentaire.

L'adoption testamentaire n'est permise que comme conséquence de la tutelle officieuse. « Si le tuteur officieux, dit l'art. 366, après cinq ans révolus depuis la tutelle, et dans la prévoyance de son décès avant la majorité du pupille, lui confère l'adoption par acte testamentaire, cette disposition sera valable pourvu que le tuteur officieux ne laisse point d'enfants légitimes. »

Ainsi, d'après cet article, pour conférer l'adoption au pupille il faut qu'elle ait été faite par le tuteur après cinq ans révolus depuis la tutelle. L'adoption conférée par un testament antérieur à cette dernière époque serait nulle : la loi a voulu que le tuteur apprécie avant le caractère du pupille, qu'il s'attache à lui et qu'il soit capable de prononcer en connaissance de cause. Il en serait ainsi même dans le cas où le tuteur serait mort après le délai de cinq ans.

2° Il faut que le tuteur officieux soit décédé avant la majorité du pupille et sans avoir révoqué le testament par lequel il conférait l'adoption.

Après la majorité du pupille, l'adoption ordinaire seule peut établir entre l'ex-tuteur officieux et son ancien pupille les rapports juridiques d'une paternité et d'une filiation fictives. L'adoption testamentaire serait nulle même dans le cas où l'ex-tuteur n'ayant survécu que peu de temps après la majorité du pupille, n'aurait pas eu le temps de le remplacer en fait par l'adoption ordinaire.

3° Il faut que le tuteur officieux ne laisse point d'enfants légitimes au moment de son décès, parce que c'est à cette époque que s'ouvrent les droits des enfants que le législateur a voulu défendre.

Le tuteur officieux n'a pas besoin de demander le consentement de son conjoint non point parce qu'il l'a obtenu, afin de devenir tuteur officieux de l'adopté, mais parce que l'adoption ne doit produire ses effets qu'après la dissolution du mariage. Ces effets toutefois sont provisoires à l'égard de l'adopté, qui, devenu majeur, aura le droit ou de répudier l'adoption qui aurait été acceptée, ou d'accepter celle qui aurait été répudiée.

Cette adoption, du reste, est soumise aux autres règles de l'adoption ordinaire.

II

Des formes de l'adoption testamentaire

L'adoption testamentaire doit être faite indistinctement par une des trois formes reconnues par la loi, c'est-à-dire par un testament olographe, mystique ou public, mais il n'y a pas besoin que d'autres dispositions y soient contenues.

Cette adoption peut être révoquée par le testateur; mais, après son décès, les tribunaux ne devraient pas déclarer nulle ou non avenue l'adoption qui n'aurait pas été homologuée judiciairement ou inscrite sur les registres de l'état civil.

CHAPITRE II

DE LA TUTELLE OFFICIEUSE

La tutelle officieuse est un acte juridique par lequel une personne contracte, indépendamment des obligations générales de la tutelle, celle de nourrir un pupille et de le mettre gratuitement en état de gagner sa vie.

Les rédacteurs du Code Napoléon, à qui appartient l'idée de cette institution moderne, puisqu'ils n'ont emprunté à la tutelle officieuse du Code Civil prussien que le nom, ont imaginé un moyen qui permet de rattacher dès prime abord un mineur par un titre légal servant d'acheminement à une adoption, et, en permettant au tuteur officieux d'adopter par testament son pupille, ils ont remédié aux inconvénients du principe qui n'admet l'adoption qu'en faveur des majeurs, et facilite l'adoption sous le rapport de la condition exigée par l'article 345.

Mais l'expérience de plus de soixante années a pleinement démontré que le législateur avait trop espéré de ses prévisions.

En effet, la tutelle officieuse a été si rare pendant cette longue période, que l'on peut à peine en citer quelques exemples.

Parce que, cette tutelle n'étant pas un préliminaire

nécessaire et indispensable pour l'adoption, et ayant pour effet d'imposer de grandes obligations, ceux qui ont une pensée d'adoption aiment mieux conserver le droit d'apprécier eux-mêmes en toute liberté le caractère plus ou moins intelligent, affectueux et reconnaissant de l'enfant qui est l'objet de leurs soins.

I

Des conditions de l'adoption officieuse

La première et principale condition intrinsèque pour la formation de ce contrat est le consentement des parties.

Toutefois, comme celui qui doit être soumis à la tutelle officieuse n'a pas la capacité de consentir par lui-même, il est indispensable de demander le consentement des personnes sous l'autorité desquelles il se trouve placé.

Il faut donc obtenir le consentement de ses père et mère, si tous les deux existent et sont en état de manifester leur volonté ou celui de l'un d'eux si l'autre est décédé ou dans l'impossibilité de donner un consentement valable.

S'il y a dissentiment entre ces père et mère, la tutelle officieuse ne peut pas avoir lieu.

A défaut du père et de la mère, le consentement du conseil de famille. Les ascendants peuvent seulement, par voix délibérative, s'ils font partie du conseil, donner leur consentement à l'adoption, mais non directement comme en matière de mariage.

Si le législateur s'est ici écarté de cette règle, c'est parce qu'il a craint que ces ascendants par intérêt ne consentissent trop facilement à une tutelle purement et simplement pour se décharger de l'obligation de nourrir et d'élever leur descendant.

Enfin, si le mineur est sans parents connus, le consentement des administrateurs de l'hospice où il aura été recueilli, et, s'il ne se trouve pas dans un hospice, celui du maire du lieu de sa résidence.

Il est vrai que l'article 361 *in fine* dit : de la *municipalité du lieu de sa résidence;* mais cette expression ne saurait s'appliquer, ni au conseil municipal, ni à une assemblée composée du maire et des adjoints; parce que la municipalité considérée comme personne morale est, en général, représentée par le maire qui est seul chargé de l'administration.

Celui qui veut se charger de la tutelle officieuse, laquelle suppose un projet d'adoption, doit être âgé de plus de cinquante ans, n'avoir point d'enfants, obtenir, s'il est marié, le consentement de son conjoint, et, enfin, être, en principe, capable de gérer une tutelle ordinaire.

La tutelle officieuse n'est pas, en effet, défendue aux femmes qui, en général, sont incapables de gérer la tutelle ordinaire.

Loin de rencontrer quelque part une pareille prohibition, l'art. 362, par la généralité de ses termes semble, au contraire, reconnaître implicitement aux femmes le droit de gérer la tutelle officieuse. Il n'y a pas de raison de le leur refuser, lorsqu'on leur permet le droit d'adopter : *qui veut la fin veut les moyens.*

En ce qui concerne le pupille, il doit être âgé de moins de quinze ans et ne pas se trouver déjà sous une autre tutelle officieuse. Cependant le pupille soumis à la tutelle officieuse d'une personne peut avoir pour tuteur officieux le conjoint de cette dernière.

II

Des formes de la tutelle officieuse

Le juge de paix du domicile de l'enfant est compétent pour rédiger l'acte instrumentaire et y constater les consentements requis en pareille matière ainsi que les conventions particulières intervenues entre les parties.

Le législateur a choisi ce juge de paix, parce qu'il n'a pas voulu s'écarter sur ce point des règles qu'il a établies pour la tutelle ordinaire. Ce contrat ne doit en aucune façon être judiciairement homologué, mais il est soumis à un droit fixe de cinquante francs, en vertu de l'art. 48 de la loi fiscale du 28 avril 1816.

III

Des effets de la tutelle officieuse

La tutelle officieuse fait naître à la charge du tuteur officieux une obligation directe et principale, celle de nourrir le pupille, de l'élever et de le mettre en état de gagner sa vie, et une obligation subsidiaire et accessoire, celle d'indemniser le pupille non adopté et incapable de pourvoir à sa subsistance.

Lorsque le pupille n'a plus ses père et mère, le tuteur officieux jouit à cet égard des mêmes droits et se trouve soumis au même contrôle et aux mêmes incapacités que le véritable tuteur.

Ainsi il a le gouvernement de la personne du pupille et l'administration de ses biens, et il en est comptable dans tous les cas, soit qu'il adopte le pupille, soit qu'il ne l'adopte pas. Ses propres immeubles sont grevés d'une hypothèque légale au profit du pupille. Enfin, il y a lieu de nommer un subrogé-tuteur à la tutelle officieuse.

Mais lorsque le pupille a encore ses père et mère, ou seulement l'un d'eux, il ne continue pas moins à être sous la garde et la direction de son tuteur officieux ; parce que ses père et mère, ou le survivant d'eux, en donnant leur consentement pour la tutelle officieuse, ont consenti en même temps, sous l'autorité de la loi, à ce que la personne de leur enfant soit confiée à ce tuteur.

Cependant ils ne renoncent pas tout-à-fait à la puissance paternelle, mais ils continuent d'exercer ceux des droits qui s'y trouvent attachés en tant du moins que l'exercice en est compatible avec l'autorité du tuteur.

Ainsi ils ont le droit de consentir au mariage de leur enfant et d'exercer contre lui le droit de correction, mais toujours par voie de réquisition, parce que le pupille par cette tutelle a acquis des biens.

Quant à ce qui touche l'administration des biens du pupille, le père ou la mère qui consent à la tutelle officieuse, continue d'administrer les biens sur lesquels il a un droit d'usufruit légal, parce qu'il n'est pas probable qu'il ait voulu renoncer à ce droit en consentant à la tutelle officieuse, mais il doit remettre au tuteur officieux le reste de la fortune du pupille.

Les immeubles du tuteur officieux sont comme ceux de tout tuteur ordinaire grevés de l'hypothèque légale.

Bien que la nomination du subrogé-tuteur ne soit pas très-nécessaire, et que le pupille ait ses père et mère ou du moins l'un d'eux. nous croyons qu'il doit y avoir lieu de procéder à cette nomination, qui, du reste, n'est pas inutile, lorsque surtout le tuteur n'est point un parent du pupille.

Il serait, en effet, étrange d'assimiler la tutelle officieuse à la tutelle ordinaire, en ce qui concerne l'hypothèque légale, et de repousser cette assimilation au sujet de la nomination du subrogé-tuteur.

La tutelle officieuse se distingue de la tutelle ordinaire en ce que la première oblige le tuteur officieux, non-seulement à supporter sur ses propres ressources les frais de nourriture, d'entretien et d'éducation du pupille pendant tout le temps de sa minorité, mais aussi à le mettre en état de gagner sa vie, et cela sans pouvoir rien en imputer sur les revenus du pupille.

Ce dernier n'est tenu que de payer à son tuteur toutes les sommes qu'il a déboursées pour l'entretien de ses biens.

Les articles 364, 367 et 369 reconnaissent aux parties la faculté de régler, par des clauses particulières et additionnelles insérées dans le contrat passé devant le juge de paix, les effets de la tutelle officieuse. Ces stipulations préviennent les contestations et les débats que font naître très-souvent les dispositions, un peu vagues et un peu élastiques, qui régissent cette matière, en déterminant la manière dont l'enfant sera élevé et le genre d'éducation qu'il recevra, et en fixant d'avance l'indemnité due au pupille pour le cas où le tuteur officieux, ne l'ayant pas adopté, ne l'aurait pas non plus mis en état de gagner sa vie.

La tutelle officieuse prend fin, en général, par les mêmes causes que la tutelle ordinaire, c'est-à-dire par la mort, soit du tuteur, soit du pupille, ou par la majorité de ce dernier.

Les droits et les obligations de chacune des parties
se déterminent différemment et selon les circonstances.
Comme les effets de l'adoption testamentaire sont tout-
à-fait les mêmes que ceux de l'adoption ordinaire,
nous nous bornons à y renvoyer pour le cas où le
tuteur, en mourant, a conféré par son testament une
pareille adoption.

Mais si le tuteur est décédé avant la majorité du
pupille, sans avoir pu ou voulu adopter ce dernier,
alors il lui sera fourni durant sa minorité les moyens
de subsistance qui, s'ils n'ont pas été réglés d'avance,
seront fixés, soit amiablement entre les représentants
respectifs du tuteur et du pupille, soit judiciairement
en cas de contestation.

Toutefois les représentants du pupille ne peuvent
pas transiger ; à proprement parler, ils ne font que
régler simplement par un contrat ordinaire la quotité
et l'espèce de secours qui seront fournis au pupille.
Pour transiger valablement, ils doivent observer les
formalités judiciaires, recourir aux garanties ordinaires.

Si, au contraire, le tuteur ayant survécu à la majorité du pupille, refuse de l'adopter malgré l'inter-
pellation que ce dernier lui a faite dans le délai de
trois mois qui ont suivi sa majorité, alors le tuteur
qui n'a pas convenablement satisfait à ses obligations,
devra être condamné à indemniser le pupille qui ne se
trouve pas en état de gagner sa vie.

Mais on commettrait une injustice si l'on condamnait à payer une indemnité celui à qui on ne peut reprocher aucune faute ou du moins aucune négligence envers son ancien pupille ayant des revenus assez suffisants, mais hors d'état de gagner sa vie. En un mot, on punirait souvent la vertu en récompensant le vice.

Si à la majorité du pupille consentant son ancien tuteur officieux veut l'adopter, il doit procéder à l'adoption selon les conditions et les formes requises pour l'adoption ordinaire, et les effets en seront en tous points les mêmes.

Enfin, il est tenu, lorsqu'il a eu l'administration des biens pupillaires, de rendre compte tout comme s'il était un tuteur ordinaire.

POSITIONS

—

DROIT ROMAIN

I. Les pactes ajoutés *in continenti* à une stipulation participent de la valeur du contrat, même quand ils augmentent les droits du créancier.

II. L'adoption du conjoint d'un enfant non émancipé faite par le père entraînait la dissolution du mariage.

III. L'action hypothécaire accordée par Justinien au légataire n'est pas toujours renfermée contre un héritier dans les limites de l'action personnelle à laquelle il est soumis.

IV. Il n'y a pas antinomie entre la loi XII et la loi XXXVII § 1 *De adoptionibus* au Digeste.

V. Il y avait controverse entre Celse et Paul sur le point de savoir si les risques dans le contrat d'échange étaient à la charge du créancier ou du débiteur.

VI. Les jurisconsultes romains accordaient aux catrats le droit d'adopter ou d'adroger.

DROIT CIVIL FRANÇAIS

I. Les donations faites au profit de l'époux contre lequel la séparation de corps est admise ne sont pas révoquées de plein droit par suite du jugement qui l'a prononcée.

II. Un étranger ne peut pas adopter un Français et réciproquement un Français ne peut pas adopter un étranger.

III. Le successible qui, n'ayant point encore pris qualité, malgré l'expiration des délais accordés par la loi et par le juge, a été condamné comme héritier pur et simple par un jugement contradictoire ou par défaut passé en force de chose jugée, conserve la faculté d'accepter sous bénéfice d'inventaire vis-à-vis de toutes les personnes qui n'ont pas été parties dans ce jugement.

IV. La réserve de l'adopté, de tout point semblable à celle de l'enfant légitime, peut être exercée sur toutes les donations entre-vifs ou institutions contractuelles faites par l'adoptant soit depuis, soit avant le contrat d'adoption.

V. La prescription établie par l'art. 789 ne porte exclusivement ni sur la faculté d'accepter, ni sur celle de répudier, et n'atteint pas simultanément l'une et l'autre de ces facultés, mais elle s'applique alternativement et suivant les circonstances, tantôt à la faculté d'accepter, tantôt à celle de répudier.

VI. Un prêtre catholique peut adopter.

VII. Le droit de retour légal s'exerçant par voie de succession n'a lieu que lorsque les biens avenus au défunt à titre gratuit se retrouvent dans son patrimoine, soit identiquement les mêmes, soit dûment représentés, avec le caractère particulier que leur a imprimé le titre en vertu duquel ils sont originairement entrés dans ce patrimoine.

VIII. La demande en nullité d'une adoption autorisée par arrêt de Cour impériale suivant les formes prescrites par le Code Napoléon n'est pas recevable.

IX. Le père ou la mère qui a demandé l'interdiction de son fils pourra faire partie du conseil de famille.

X. L'enfant naturel ne peut être adopté ni par le père ni par la mère qui l'a légalement reconnu.

DROIT DES GENS

Le gouvernement qui, à la réquisition d'une puissance étrangère, mais en dehors de toute convention formelle, consent à l'extradition d'un individu prévenu d'un crime ou d'un délit, viole les principes du droit des gens.

HISTOIRE DU DROIT

I. La communauté de biens entre époux prend son

origine au douzième siècle dans les communautés taisibles des serfs.

II. Le don mutuel était une donation.

DROIT CRIMINEL

I. En matière criminelle il ne peut y avoir, en principe, aucune condamnation aux frais contre le prévenu dans les cas où il n'intervient aucune répression.

II. Un état peut quelquefois punir les délits commis hors de son territoire.

ÉCONOMIE POLITIQUE

Le principe de la liberté du taux de l'intérêt est conforme à la justice et à la raison.

Vu par le Président de la Thèse,

ORTOLAN

Vu par l'inspecteur général délégué,

CH. GIRAUD

Permis d'imprimer,
le Vice-Recteur,

MOURIER.